日帰り
山あるき
【関東周辺】

金時山

ブルーガイド　山旅ブックス

駅から登る
日帰り山あるき
関東周辺
もくじ

桜の季節の権現山（丹沢）

索引地図 …………………………………4
「駅から登山」で心得ておきたいこと ……………10

三浦半島／横須賀線・京急方面

① 鎌倉アルプス …………………………12
② 源氏山 …………………………………16
③ 朝夷奈街道 ……………………………20
④ 衣張山 …………………………………24
⑤ 三浦アルプス …………………………28
⑥ 鷹取山 …………………………………32
⑦ 三浦富士 ………………………………36

湘南・箱根・伊豆／東海道本線方面

⑧ 大磯浅間山 ……………………………40
⑨ しとどの窟～幕山 ……………………44
⑩ 沼津アルプス …………………………48

丹沢・箱根／小田急・箱根登山鉄道・御殿場線方面

⑪ 弘法山 …………………………………52
⑫ 渋沢丘陵 ………………………………56
⑬ 石垣山 …………………………………60
⑭ 明星ヶ岳 ………………………………64
⑮ 浅間山 …………………………………68
⑯ 大野山 …………………………………72
⑰ 不老山 …………………………………76
⑱ 洒水の滝～矢倉岳 ……………………80
⑲ 金時山 …………………………………84

奥多摩・中央線沿い／中央線・青梅線・富士急方面

⑳ 大岳山 …………………………………88
㉑ 日の出山～御岳山 ……………………92
㉒ 本仁田山 ………………………………96

㉓ 川苔山 …………………………………100
㉔ 高水三山 ………………………………104
㉕ 岩茸石山～棒ノ折山 …………………108
㉖ 高尾山 …………………………………112
㉗ 高尾山～陣馬山 ………………………116
㉘ 石老山 …………………………………120
㉙ 百蔵山～扇山 …………………………124
㉚ 高川山 …………………………………128
㉛ 九鬼山 …………………………………132

奥武蔵・秩父／西武池袋線・東武東上線・秩父鉄道方面

㉜ 天覧山～物見山 ………………………136
㉝ 伊豆ヶ岳 ………………………………140
㉞ 丸山 ……………………………………144
㉟ 武甲山 …………………………………148
㊱ 秩父御岳山 ……………………………152
㊲ 長瀞アルプス …………………………156
㊳ 鐘撞堂山～雨乞山 ……………………160

房総半島／総武本線・内房線方面

㊴ 鋸山 ……………………………………164
㊵ 富山 ……………………………………168
㊶ 烏場山 …………………………………172

沼津アルプスからの富士山

高川山の林間の登山道

芦ヶ久保駅

本書をご覧になる方へ

● コースの難易について
〈レベル〉
初級…初心者が安心して歩けるコース
中級…ある程度の経験が必要だが、とくに危険の要素のないコース
上級…1日の歩程が長く、急な登降などで体力を必要とするコース

〈体力度〉
★☆☆…歩行時間が3時間以内
★★☆…歩行時間が3時間〜6時間程度
★★★…歩行時間が6時間以上

〈技術度〉
★☆☆…道標が完備し、登山道が明瞭なコース
★★☆…登山道は明瞭だが、一部にクサリやハシゴなどがあるコース
★★★…天候の激しい変化や岩場などの難所があり登山経験が必要なコース

● 標高
　コース名の山頂標高、またはコース上の最高点を示しています。

● 歩行時間
　全行程のコースポイント間参考タイムの合計です(休憩時間は含まず)。

● 最大標高差
　コースの起点(または最低地点)と最高地点との標高差です。

● 1/2.5万地形図
　紹介コースに関連した国土地理院発行の25,000分の1地形図の図幅名。

● 登山適期の12ヶ月カレンダー
　■ …ベストシーズン
　■ …十分楽しめるシーズン
　■ …避けたいシーズン
　■ …花の見ごろ
　■ …紅葉の見ごろ
　■ …積雪のある時期

● アクセスについて
　登山口最寄り駅までの主要な経路とおよその所要時間、運賃を記しています。運賃は現金支払いの場合です。IC乗車券では運賃が異なる場合があります。

● 地図と高低図のコースタイム
　コースポイント間の歩行参考タイムです。経験・体力・体調・天候・同行人数により変わりますので、余裕をもった計画を立ててお出かけください。

● 高低図と「高さ強調」
　高低図はコースの起伏をグラフにしたもので、高さを強調してあります。「高さ強調2.5倍」とは、水平距離(横軸)に対し高さ(縦軸)を2.5倍にして、勾配を強調したことを意味します。

◎ 地図で使用した主なマーク

マーク	意味
P	駐車場
B	バス停
──	紹介した山歩きコース
----	エスケープルートあるいはバリエーションルート
40→	(本文でガイドしたコースの)コースポイント間の歩行タイム
15→	(本文でガイドしたものとは逆コースの)コースポイント間の歩行タイム
宁	コース標識
水	水場
WC	トイレ
休	休憩ポイント
花	花のみどころ
紅葉	紅葉のみどころ
木	名木、巨木
滝	滝(名瀑)
寺	古寺
社	古社
湯	立ち寄り湯
☀	展望のいい場所

■ 本書に記載した交通機関の情報は、2024年7月現在のものです。交通機関、店舗等の営業形態や対応が予告なく大きく変わる可能性があります。必ず事前にご確認の上でご利用ください。

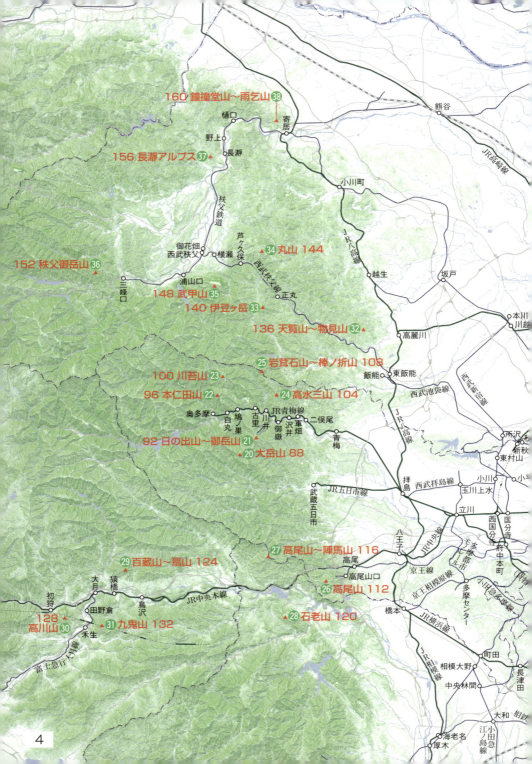

沼津アルプス香貫山から眺める富士山。左は駿河湾	
川苔山手前の歩きやすい尾根道	衣張山から名越切通に向かう
鎌倉アルプスへの道は天狗像が建つ階段登りから始まる	長瀞アルプスのスタートは宝登山ロープウエイ	朝夷奈街道の入口に安置された石仏

武甲山から眺める厳冬期の浅間山

矢倉岳に向う途中にある洒水の滝。神奈川県を代表する名瀑だ

ロッククライマーの練習場として知られる鷹取山

棒ノ折山の明るい林に延びる登山道

「駅から登山」で心得ておきたいこと

無事帰宅までが山との約束

古都、鎌倉駅も登山者の姿は多い

■ 事前の計画が非常に重要

　出かけるときはいつもクルマ、電車に乗るのは通勤のときだけ…という人も多いだろう。いつもの時刻に、いつもの駅に到着する電車に乗り込めば、勤め先の最寄り駅までいつものルートで、いつもの時刻に到着できる電車の信頼感はわが国にあっては絶大だ。
　山歩きに出かけるときも、いつ渋滞に巻き込まれるかわからないクルマより、電車利用のほうが圧倒的に安心には違いない。移動中は余計な緊張を強いられることもないし、事故に遭遇する確率も格段に小さくなる。
　そんな電車利用も、いつもの駅から出発するにしても、方向や行き先が違う電車を利用することも多いだろう。また、登山口の最寄り駅まで直通できるような都合のいい山は少なく、乗り換えが必要になることがほとんど。そして、都心から離れるほど、列車の本数も少なくなるので、行き当たりばったりでは登山口にたどり着けない。なので、列車の時刻を調べることはもちろん、乗り換え、乗り継ぎ駅を含めたルート全体の把握、おおよその交通費も調べておく必要がある。事前に計画することは安全につながり、気持ちに余裕が持てる。
　現代においては、スマホで簡単に経路検索ができる。バス時刻も検索できて便利だが、平日と土・休日で時刻や便数が異なる場合も多い。土・休日だけ運転する行楽列車が便利な場合もある。調べるときには実際の日時で検索しよう。
　想像したくはないが、アクシデントが発生し、予定の時刻までに帰路の駅に戻れなくなる場合もある。最悪の場合に備えて、自宅まで帰り着ける最終電車の時刻も調べておくと、より安心できる。

■ 電車利用のメリット

　電車移動のメリットは移動中の時間を自由に使えること。持参した地図でルートを再確認したり、ガイドブックを読み直して、忘れてはいけないポイントを再確認したり。仲間と出かけるときは、おしゃべりに夢中になりすぎてそうした確認を疎かにしないように。
　また、お酒が好きな人には、帰路には気兼ねなく飲酒ができることもメリットといえるかもしれない。帰路に立ち寄る駅前などで、ドライバーに気を遣うことなく、グループでお酒を楽しめる。電車内でも、隣同士で静かに飲むなら、ほかの乗客から白い目で見られる危険性は少ないだろう。ただし、電車内は公共空間であることは忘れないこと。興が乗ってくるとつい大声になるグループが散見されるが、厳に慎みたい。電車内で出たゴミも、山中で出たゴミと同様、

左上／奥多摩登山の中心になる奥多摩駅。左下／渋沢丘陵の花畑。中／高尾山口駅で登山靴を洗う。駅にこのバケツが設置されることがある。右／どこか南国風の保田駅

自宅まで持ち帰って処分しよう。

電車利用のデメリット

　もっとも大きなデメリットは、自分たちの都合で時間を前後できないことだ。トイレに行きたくなっても、電車の時刻が迫っていて我慢せざるを得ないこともある。山中で足首をひねったりして帰路の予定の電車に乗り遅れてしまうことだって考えられる。いずれも時間の融通が利くクルマ利用なら問題にならないケースだ。
　また、たいていの場合、同じ山に行く人たちは同じような時間帯の電車に乗り、同じような行程を歩く。つまり、電車も登山道も混雑する。1本でも早い電車に乗れば、文字通り、一歩先んじることができる。平日の場合は、朝ラッシュより相当早くに行動しよう。
　混雑するターミナルでは、意外に移動に時間がかかる。乗り換え時間等には余裕を持とう。

IC乗車券は便利だけれど…

　スイカやとパスモといったIC乗車券は、今や数多くの人が使っているだろう。一般的にIC乗車券を利用すると1円単位の運賃が適用されるのに対して、通常の乗車券は10円単位の金額になるので、IC乗車券利用のほうが、運賃が安くなる場合がほとんどだ。しかし、例外的にわずかに割高になることもある（いずれも10円未満）。
　IC乗車券の普及に伴って、鉄道会社側もに対応する機器を徐々に整備してきている。首都圏のほとんどの鉄道会社ではこれらを利用できるようになってきているが、一部にまだ使えない駅や鉄道会社がある（JR東日本管内の駅とJR東海管内の沼津駅のようにまたがっても不可）。
　けっこうな移動距離になるので、残高には注意しよう。オートチャージ契約をしていれば心配はないが、そうでなければ残高不足で改札を出られず、足止めを食らう可能性もある。改札機はあっても、券売機でのチャージができない場合もあるので、出発前に残高の確認を忘れずにしておきたい。
　高尾山口駅や鎌倉駅などでは券売機の数も相当あるが、休日の夕方には、それ以上にチャージをしなければならない利用客が列を作るのが日常的な風景だ。チャージのために長蛇の列に加わらなければならないと、楽しかった登山の思い出も少し削がれてしまう。チャージは、駅の券売機などのほか、街中のコンビニなどでもできる。

三浦半島

1 鎌倉アルプス

古都鎌倉の大自然を満喫しよう

初級

標高	159m(大平山)
歩行時間	2時間50分
最大標高差	150m
体力度	★☆☆
技術度	★☆☆

1/2.5万地形図　戸塚、鎌倉

登山適期とコースの魅力

| | 1月 | 2月 | 3月 | 4月 | 5月 | 6月 | 7月 | 8月 | 9月 | 10月 | 11月 | 12月 |

サクラソウ／スイセン／ミツマタ／シャクナゲ／アジサイ／ハス／紅葉／コスモス

展望 登山途中の富士見台からは富士山が見える。山頂からの展望はそれほどよくない。
花 鎌倉に咲く花で知られているのは6月のアジサイ。山中ではサクラソウ、ミツマタなどが咲く。
紅葉 鎌倉アルプスの紅葉は11月中旬～12月中旬くらいが見頃。瑞泉寺境内の紅葉も美しい。

春 古都鎌倉が最も輝く季節。小町通りでは観光客に混じり、バックパックを担いだ人が目立つ。
夏 盛夏でも訪れる人の多いコース。水分補給を小まめにしてゆっくり鎌倉の自然を楽しもう。
秋 カエデやイチョウの紅葉が美しい。
冬 雪が積もることも少ないので楽しく歩けるはず。

鳥居が多い鎌倉。神域であることの証だ

アクセス

東京駅 — JR横須賀線 55分 830円 — 北鎌倉駅 — 2時間50分 — 鎌倉駅 — JR横須賀線 1時間 950円 — 東京駅

北鎌倉駅が起点になるため、横須賀線を利用する。東京駅や品川駅から乗車すれば直通で行くことができる。自宅近くの駅からJR横須賀線に乗り換えることができる方法を調べておこう。鎌倉アルプスの縦走路は住宅街の一段上に延びている。そこに下る道が何本もあるので、間違って下らないように注意しよう。山中に道標は少ない。

コースガイド
市街地の背後に屏風のように連なる稜線を歩く

北鎌倉駅①に降り立って突き当たりの道を左、観光客の波に流されるようにして進む。すぐに円覚寺への道が左に分かれるが、ここは道なりに進む。やがて、左手に鎌倉一の格式を誇る**建長寺入口②**に着く。

拝観料を支払って境内に入る。コースは寺の境内を突っ切って、最奥の階段を登っていくので、建長寺の拝観時間内でないと歩くことさえできないことになる。通常の山歩きはできるだけ朝早くからの行動が求められるが、ここでは例外的に8時30分の建長寺の開門を待たなければならない。

由緒ある寺に漂う凛とした空気に身の引き

鎌倉アルプスの玄関口になる歴史のある建長寺

左：右側に天狗像が並ぶ少し急な石段を登る。天狗像一つ一つの表情が違う。右：建長寺境内の道を道標に従う

①鎌倉アルプス山頂の大平山から斜面の道を下る。濡れていると滑るので雨天続きの時は慎重に下ろう。②大平山からの下り。③富士山を眺めることもできる勝上献展望台。眺めを楽しむ時は後続の人に配慮するようにしたい。④鎌倉アルプスの主峰、大平山。写真で見るように決して広くない。横浜方面の展望がいい頂きだ。⑤勝上献展望台。鎌倉アルプスの縦走路はここから始まる

　締まる思いをしながら、境内を奥へと向かう。半僧坊の案内看板に従って進むと、やがて階段が現れる。この階段を登り始めるとすぐに富士見台に着く。小さなテラスから富士山が顔を見せてくれる。さらに階段を登ると**勝上献展望台❸**に出る。先ほどの富士見台よりさらに美しい富士山が見られる。しばらくその展望を満喫しよう。

　ここから本格的な山道になる。道なりに進めば、神奈川の景勝地50選の一つに数えられる十王岩の展望。ベンチがあるだけのわずかな平地だが、木々の枝がそこだけ切り取られたかのように、正面がぽっかりと開いている。眼下には鎌倉の市街地が広がり、遠く海までも望むことができる絶景地だ。

目の前に現れる大岩を
あっさりクリア

　コースに戻り、軽くアップダウンを繰り返しながら歩く。やがて十字路に出るが、道標に導かれるようにまっすぐ進む。高圧線の鉄塔下を抜け、木立に囲まれて展望のない道を行く。

　目の前に大きな岩が現れる。多くの人が歩いている証しのように、ここに足を置いてといわんばかりに、窪みがついているので、苦労せずにその岩の上に立てる。ここがコースの最高点**大平山❹**の山頂だ。三浦半島の小さな山々が見える。ここには休憩するスペースがないので、下に見える広場でランチにする。この広場は山中とは思えないほど広々としていて、ランチを広げる場所は思いのままだ。また、広場からわずかに進むと茶店が2軒ある。手前のほうが展望はいいようだが、どちらも軽い食事もできる。

気のゆるみがちな下りも
慎重に

　茶店が建つあたりを**天園❺**という。先ほどの十王岩からの展望とは異なり、鎌倉市街地が遠くなり、雄大さが強調されたような印象だ。

　天園から少し下ると分岐がある。ここは直

⑥勝上献展望台からの展望。建長寺境内の先に相模湾の広がりが見えるのだが、撮影日は湿度が高く確認できなかった。⑦コース上にある天園休憩所はオアシス的存在だが2024年7月現在、不定休営業のため、飲食物は持参しよう。⑧鎌倉アルプスの下山口（瑞泉寺方面登山口）。ここから鎌倉宮前を歩いて鎌倉駅へ。⑨大平山山頂から一段下った広場から見る山頂。この広場も休憩ポイントの一つ

進して尾根道を進む。杉木立を縫うように進むと貝吹地蔵に出る。このあたりからは急な下りになるので転倒に注意しよう。とくに雨上がりなどには滑りやすくなるので、いっそう気を引き締めて下る。

　高圧線の鉄塔をくぐると勾配は安定する。やがて二俣を右折すると、左下にカラフルな家々の屋根が見えてくる。その先で再び右折すると下りになる。滑りやすい道から長い階段を下りきると、民家の脇の下山口⑥に下り立つ。ようやく長い下りから解放され、一安心。さらにここからは舗装路になって、格段に歩きやすくなる。瑞泉寺へは右へ、コースの鎌倉宮は左へ進む。

　鎌倉宮からは鎌倉駅⑦までバスもあり、それほど待つことなく利用できるので、疲れていたらこれに乗ってもいい。ただ、駅までには鎌倉のシンボルともいうべき鶴岡八幡宮に加え、さまざまな店が建ち並ぶ若宮大路や小町通りもあり、観光気分に浸れる。鎌倉の工芸品を品定めしたり、食べ歩きを楽しんだり、

自分なりの楽しい時間を過ごせるはずだ。鎌倉野菜を買って、帰ってから調理すれば、ひと味違う思い出になる。

建長寺

鎌倉を代表する臨済宗の寺。創建は建長7（1255）年と伝わり、国内初の禅寺として、現在でも多くの僧侶が修行に励んでいる。鎌倉アルプスのスタート地点はこの寺。境内では修行に励む僧侶たちの姿が垣間見られ、身が引き締まる。

💧 **水場**　コース上に水場はない。必要な物は事前に用意しよう。北鎌倉駅から登山口の建長寺までの間にコンビニがある。

🚻 **トイレ**　北鎌倉駅、建長寺境内、天園近く、鎌倉宮、鎌倉駅にある。

●問合せ先
鎌倉市観光協会　☎0467-23-3050
鎌倉市観光振興推進本部　☎0467-61-3884
建長寺　☎0467-22-0981

三浦半島

2 八幡太郎義家が戦勝を祈願した場所

初級

標高	93m
歩行時間	2時間20分
最大標高差	70m
体力度	★☆☆
技術度	★☆☆

源氏山
げんじやま

1/2.5万地形図	戸塚、鎌倉

登山適期とコースの魅力

展望 源氏山は木々に囲まれた小さな広場といった風情の場所。展望自慢の山ではない。
花 源氏山はガクアジサイが咲くことで知られている。開花時期は5月下旬から6月にかけて。湿って日陰になったような場所に咲く。
紅葉 例年11月下旬～12月上旬が見頃となる。

春 きれいに整備された源氏山一帯は春の陽気に誘われ、東京方面から多くの人が訪れる。
夏 夏休みに鎌倉を訪れた人や、最近では外国人の姿も多くなったようだ。
秋 春の次に人気のある季節。紅葉期は短い。
冬 年末から新年にかけて参詣する人も多い。

山頂の木につけられた山頂プレート

アクセス

北鎌倉駅が起点になるため、横須賀線を利用する。東京駅や品川駅から乗車すれば直通で行くことができる。自宅近くの駅からJR横須賀線に乗り換えることができる方法を調べておこう。また、紹介コースを逆に歩くのもいい。観光客が多い土・日・祝日だと、そのほうが混雑が緩和されるからだ。迷路はなく、迷わずに歩くことができるはず。

観光客の姿が目立つ北鎌倉駅から出発する

　北鎌倉駅❶で下車したら、車道を建長寺方面へ進む。北鎌倉駅で下車するハイカーの多くは鎌倉アルプスを目指す。休日には混む道だ。源氏山への登山口は車道右側にある。コンビニが見えてきたら、その先の横断歩道を渡る。赤いポストの立つ場所が**源氏山登山口**❷になる。住宅街に延びる舗装道路を進む。すぐに浄智寺に着く。ここから境内に入り、右に手入れされた庭を眺めながらゆるい勾配の道を進む。気持ちのいい歩きだが、すぐに山道に入る。
　階段状の道から右にフェンスが張られた道を進む。木の根が露出した小さなピークを越

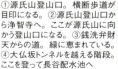

①源氏山登山口。横断歩道が目印になる。②源氏山登山口から浄智寺へ。ここが源氏山に向かう登山口になる。③銭洗弁財天からの道。緑に恵まれている。④大仏坂トンネルを越える階段。ここを登って長谷配水池へ

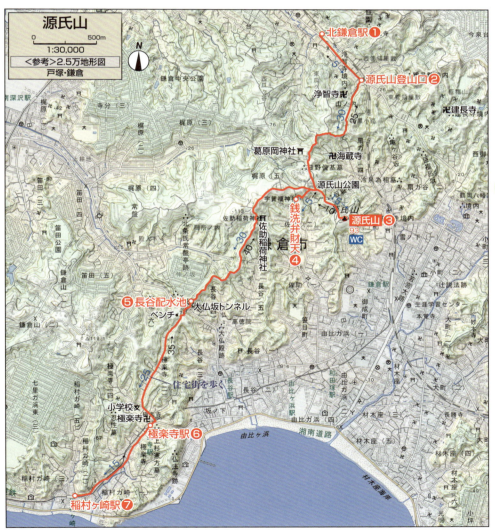

17

⑤緑が豊富な源氏山山頂。後三年の役の際、出陣する時に祈願した場所といわれている。⑥源氏山山頂には石碑がいくつかある。⑦銭洗弁財天。鳥居からトンネルを抜けて本殿へ行く。⑧源氏山山頂に建つ源頼朝像。威厳のある像で、休日には近隣のみならず歴史、源平時代ファンなどが訪れている

えると、ゆるやかな登山道に入る。緑の濃いエリアだ。源氏山公園まで300mと書かれた道標を過ぎる。木の根が露出した箇所では、極力踏まないように注意しよう。

丸太の階段を下ってしばらく進むと葛原岡神社に着く。広い境内を持ち、参拝客に交じって外国人観光客の姿も多い。ベンチが置かれた広場の前を過ぎ、直線的な道を行く。

正面に清涼飲料水の自動販売機と公衆電話ボックスが見えてくる。源頼朝像を見学に行こう。

公園のように整備された道だ。道標に導かれるようにして進めば源頼朝像に出る。精悍な顔つきの頼朝だ。さらに進んで源氏山に行ってみよう。広場の手前にトイレがある。源氏山❸はそのトイレの前から延びる階段を登りきった場所にある。ブロックで組まれたきれいな階段で、すぐに山頂に着く。大きな樹木に囲まれた山頂には小さな祠が祀られ、天気のいい休日には首都圏のみならず、全国から頼朝ファンが訪れている。

観光客の多い銭洗弁天から極楽寺へ

源氏山公園の入口まで戻り、銭洗弁財天の道標に従う。舗装された道を下るのだが、意外に勾配があるのでゆっくり進むこと。休日には多くの観光客と一緒に歩くことになる。岩壁に掘られたトンネルを抜けると銭洗弁天❹だ。小銭や札を洞内の水で洗えば御利益があるとされている。休日には多くの観光客が訪れる鎌倉の定番スポット。

銭洗弁財天から往路を戻り高徳院、長谷駅の道標に従う。途中に大仏トンネルを越える階段がある。ここを登るとある長谷配水池❺が絶好の休憩ポイントになる。民家は見えるが、少し距離があるため迷惑になることはない。休憩用のベンチが配され、高台のため周囲の緑がよく見えている。また、観光客の姿はなく、地元で暮らす人が時々通る程度の場所だ。周囲の緑も見えのんびりできる。

長谷配水池から目の前の道を右へ下る。住

⑨長谷配水池からの眺め。有名な物は見えないが広がりのあるロケーションだ。⑩鎌倉の古刹、極楽寺。ぜひ立ち寄ってみよう。⑪長谷配水池から下に見える道を歩いて極楽寺へ行く。閑静な住宅街の道だ。静かに歩くこと。⑫住宅地を走る江ノ島電鉄。⑬可愛いらしい極楽寺駅

宅街に延びる道で、民家のほか小学校などがある通りだ。昔、このエリアを舞台にした3人の若者の青春テレビドラマがあった。その撮影で使われた民家を当時の若者が聖地として訪れていた。テレビの舞台になるほど鎌倉という場所は憧れのエリア。

古刹の極楽寺の先で江ノ島電鉄の線路を越えると極楽寺駅に出る

長谷配水池から極楽寺まで下り、境内を見学していこう。ここは1259(正元1)年に北条義時の三男重時によって建立された。全盛期には金堂や講堂、十三重塔などを備えた大寺院だったらしい。

極楽寺から**極楽寺駅**❻まではすぐ。駅舎が人気で写真を撮る人が多い駅だ。ここから江ノ島電鉄(エノデン)で鎌倉駅に戻ってもいいが、できるならそのまままっすぐに進んで稲村ヶ崎駅まで歩いてみよう。25分ほどの時間だが、古く落ち着いた古都と湘南エリアの洗練された環境を走るエノデン。どこも撮影ポイントになる。**稲村ヶ崎駅**❼に着いたら、さらに海岸まで行ってみよう。今回の旅のエンドロールは夕日がきれいな湘南の海。

銭洗弁財天

正式名は銭洗弁財天宇賀福神社。源頼朝によって建立された古社。頼朝はここに湧く水を毎日飲んでいたようだ。また「この水で銭を洗い清めれば一家は栄える」と説いた。それ以降、この社は銭洗弁財天といわれるようになった。

💧 **水場** コース上に水場はないので、事前に必要な物は用意すること。清涼飲料水の自販機が紹介コース上にある。

 トイレ 北鎌倉駅、源氏山公園、銭洗弁財天、極楽寺駅にある。

●問合せ先
鎌倉市観光協会 ☎0467-23-3050
鎌倉市観光振興推進本部 ☎0467-61-3884

三浦半島 源氏山

三浦半島

3 朝夷奈切通
800年前の鎌倉時代に開かれた道を歩く

初　級

標高	100m(熊野神社)
歩行時間	1時間
最大標高差	80m
体力度	★☆☆
技術度	★☆☆

朝夷奈街道
あさいなかいどう

1/2.5万 地形図　鎌倉、戸塚

登山適期とコースの魅力

1月	2月	3月	4月	5月	6月	7月	8月	9月	10月	11月	12月
				シモツケソウ					イタドリ	ツユクサ	
				タマアジサイ							
									ゲンノショウコウ		

展望 岩に囲まれた場所のため、展望は得られないが、800年前の生活道路は当時のまま現存。
花 シモツケソウやタマアジサイ、ヤブミョウガなどが観られる日が花が鑑賞できる道ではない。
紅葉 草花の少ないエリアだが、断崖沿いの木々はきれい。11月下旬～12月中旬が見頃。

春 大きな岩の間で輝く緑が印象に残る季節。その年の歩きはじめを朝夷奈切通にする人も多い。
夏 風のない日は暑く感じられるが、歩行時間が少ないので頑張ろう。
秋 最も適した季節といえる。
冬 積雪がなければ歩くことができる。

旅人の無事を祈願した釈迦如来像

アクセス

東京駅 — JR横須賀線 55分 950円 — 鎌倉駅 — 京急バス 12分 240円 — 十二所バス停 — 1時間 — 朝比奈バス停 — 京急バス 25分 340円 — 鎌倉駅 — JR横須賀線 55分 950円 — 東京駅

鎌倉駅から朝夷奈切通の入口にあたる十二所神社までバスを利用する人が多いが、鎌倉駅から小町通りを散策しなが ら、十二所神社バス停まで歩いてみるのもいい。そして、帰路は朝比奈バス停から京浜急行金沢八景駅に行ってみる。

金沢八景駅からは京浜急行本線快速特急を利用すれば40分ほどで品川駅に戻ることができる。

鎌倉の切通でタイムスリップしたような感覚を体験する

　朝夷奈切通は鎌倉七切通の一つに数えられており、鎌倉の歴史書といわれる吾妻鏡には、仁和元（1240）年に鎌倉と六浦との中間に道を造ることが定まり、翌年の4月から工事が開始されたとある。当時、六浦は風波を防ぐことができる良港でここを完成させることで、鎌倉の外港としての利用価値を考えたようだ。
　昭和31（1956）年、この切通を迂回する県道金沢鎌倉線が開通し役目は終了した。そして、その後の周辺の開発は、この切通を破壊するまでには至らなかったため、往時の面影を色濃く残している。昭和44（1969）年

に鎌倉の七切通の一つとして国の史跡に指定されたことから、多くの人に知られるようになった。現在、週末や行楽シーズンになると多くの観光客が訪れている。
　ここでは**鎌倉駅❶**から**十二所神社❸**までバスで行き朝夷奈街道を歩いた後は、**朝比奈バス停❻**から鎌倉駅に戻る設定とした。帰路に鎌倉八幡宮を参詣したり、小町通りで食べ歩きを楽しむことができるからだ。
　また、鎌倉によく来ている人におすすめなのが、**鎌倉駅❶**から鶴岡八幡宮、**犬懸橋❷**を経由して十二所神社前から朝夷奈切通に行き、**朝比奈バス停❻**から京浜急行の金沢八景駅に向かうというルートだ。
　朝夷奈街道はスニーカーではなく軽登山靴のほうが安心。濡れていると滑るからだ。

①鎌倉で最も人気があるといっていい鶴岡八幡宮。連日参拝者や観光客で混雑する。②鎌倉駅から朝夷奈街道に向かう途中の道標。多くの人が鎌倉駅から歩いている。③朝夷奈街道の入口。右側から入って行く。入口の前が工場になっているようだ。④朝夷奈街道の熊野神社側入口。横浜横須賀道路の下が出入口になっている。⑤静寂に支配された朝夷奈街道を歩く。⑥切通らしさが味わえる道。ゆっくり歩きながら当時の旅人たちに想いを馳せてみたい

三浦半島 朝夷奈街道

ゆっくり歩いても40分ほどで切通散策は終了する

十二所神社バス停❸で下りたら、朝夷奈切通に向かう。小さなお地蔵様が目印だ。この地蔵尊は、江戸時代後期にこの近くで巡礼の若い女性が亡くなり、村人たちが供養のために祀った地蔵。今でも大切に守られている。

住宅街を進むといつしか家並みが途絶え、切通エリアに入って行く。夏でも少し涼しいように思う場所だ。小高い城壁のような土塁の上に5体の石仏が安置されている。その先にあるのが梶原太刀洗水三朗の滝。頼朝家臣の朝夷奈三郎義秀が太刀で、一夜にして切り開いた道に湧くことからこのように命名されたらしい。

その先が朝夷奈切通だ。ほとんど当時と変っていないらしい。切通の西側が鎌倉市で、

21

東側が横浜市だ。

　ここは800年の時を封じ込めた場所。その雰囲気が伝わってくる。今にも当時の人とすれ違うのではないか、と思えるくらい時が止まった感覚になる。草木は更新されているはずだが、それさえも鎌倉時代の物のように思えてくる。

　熊野神社入口の分岐まで戻り右へ。小切通の岩盤にはたくさんの横穴式やぐらが造られ武士や僧侶などの遺骨が納められている。切通道はあちらこちらで濡れていることがあるので、最後まで気持ちを緩めないこと。横浜横須賀道路下を抜けると朝夷奈街道は終点を迎える。ここから朝比奈バス停までは5分ほど。

　朝比奈バス停からは鎌倉駅方面と京浜急行線金沢八景方面に行くことができる。小町通りや鶴岡八幡宮に寄る必要がなければ金沢八景駅に行くのもいい。この駅は横浜・八景島シーパラダイスに行く起点駅でもある。

左：十二所神社バス停側の入口。右：道しるべになる石仏

短いが落ち着いた歩きが楽しめる朝夷奈街道

上：古道らしさが満喫できる朝夷奈街道。濡れていることもあるので、足元は要注意。できれば登山用の靴を使用しよう。
下：大きな岩を削って朝夷奈街道は造られた。造られたのは仁治2（1241）年頃のようだ。今のような重機もない時代に手作業で山を削り造られた。ここを歩くと時が止まったような感覚になる。一度歩くと、毎年のように訪れる人も多いようだ

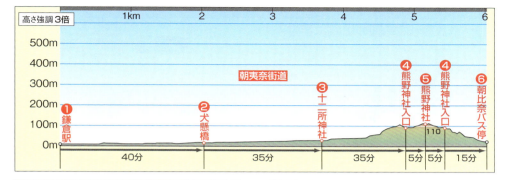

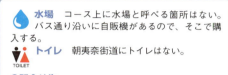

水場 コース上に水場と呼べる箇所はない。バス通り沿いに自販機があるので、そこで購入する。

トイレ 朝夷奈街道にトイレはない。

●問合せ先
鎌倉市観光協会 ☎0467-23-3050

熊野神社

朝夷奈街道の朝比奈バス停よりに建つ神社。頼朝が幕府を開く時に、その鬼門に建立したと伝わる。

三浦半島 朝夷奈街道

三浦半島

4 衣張山から国の史跡に指定されたまんだら堂へ

初級

標高	120m
歩行時間	2時間10分
最大標高差	100m
体力度	★☆☆
技術度	★☆☆

1/2.5万地形図　鎌倉

衣張山
きぬばりやま

登山適期とコースの魅力

	1月	2月	3月	4月	5月	6月	7月	8月	9月	10月	11月	12月
	セツブンソウ		サクラ				アジサイ				紅葉	
		ユキワリイチゲ						イワタバコ				

展望 標高は低いが衣張山山頂からは稲村ヶ崎や江ノ島、箱根方面の山が眺められる。
花 特別に花が有名な山域ではないが、日当たりのいい斜面には小さな野の花が咲いている。
紅葉 鎌倉市街と同じように紅葉の季節になると多くの人とすれ違うエリアだ。

春 源頼朝や北条政子にまつわる逸話が残り、巡礼道として開かれた道を歩く人が多い季節。
夏 夏休みを利用して、まんだら堂やぐら群を訪れる人を見かける。
秋 葉が落ち始めた頃が最も歩きやすい季節。
冬 積雪がなければ歩くことができる。

衣張山からパノラマ台に向かう道

アクセス

東京駅 → JR横須賀線 1時間 950円 → 鎌倉駅 → 2時間10分 → 緑ヶ丘入口バス停 → 京急バス 10分 220円 → 鎌倉駅 → JR横須賀線 1時間 950円 → 東京駅

アクセス図は東京駅からになっているが、東京駅をスタートすると、新橋駅、品川駅、西大井駅、武蔵小杉駅、新川崎駅、横浜駅、保土ヶ谷駅、東戸塚駅、戸塚駅、大船駅、北鎌倉駅、鎌倉駅の順に停車する。これらの駅のうち最も自宅からアクセスしやすい駅からJR横須賀線に乗車するようにしよう。

コースガイド 往路で鶴岡八幡宮を参拝していこう

スタート地点は<mark>JR鎌倉駅</mark>❶。周回ルートで鎌倉駅まで戻ってくるので、帰路に小町通りを散策するといい。みやげ物店や食事処が並ぶ。また、一本裏に入ると穴場的な喫茶店があって楽しい。

鎌倉駅から若宮大路を歩いて<mark>鶴岡八幡宮</mark>❷へ。八幡宮の前を通り過ぎて右へ行くが、衣張山散策にそれほど時間はかからないので、鶴岡八幡宮の境内を見学するといい。ここは拝観料が必要だが、その金額以上の感動を得ることができるはず。

参詣コースは立派な鳥居をくぐることから始まる。三ノ鳥居をくぐって手水舎で手と口
ちょうずや

鶴岡八幡宮のシンボルともいえる大鳥居

緑濃い登山道を登りきると衣張山山頂に着く

①衣張山山頂から眺める相模湾。江の島の奥に見えている山塊は箱根の山。②衣張山山頂は広いがベンチはない。レジャーシートを持参しよう。③まんだら堂やぐら群は道標に従って右へ進めばいい。④ここを過ぎれば南ヶ丘団地に下りることができる。⑤まんだら堂やぐら群。金網に囲まれ、通常は近くまで行くことはできない

を清めて本宮へ。ここは文政11（1828）年に11代将軍、徳川家斉の命により再建されたものだ。本殿と拝殿を一体化した権現造が特徴。若宮は仁徳天皇、履仲天皇、仲姫命、磐之媛命を祀っている。また、境内には商売繁盛が期待できる丸山稲荷社や学業成就で信仰の篤い白籏神社などがある。

鶴岡八幡宮から新たな気持ちで 衣張山を目指す

　道なりに歩いて犬懸橋まで行く。休日には観光客やクルマ、バスで混雑する道だ。必ず歩道を歩くこと。犬懸橋❸が衣張山の実質的な登山口になる。犬懸橋の看板があるのですぐにわかるはず。

　ここを右へ。住宅街を進む。途中に「平成13年巡礼道　衣張山まで15分」の看板があるので、それに従う。閑静な住宅街なので、話し声にさえ気を遣う。とくにグループの場合は注意しよう。民家の間を進むと、ハイキングコースの入口に着く。

衣張山から まんだらやぐら群へ

　樹林帯を登り始める。道は狭く、擦れ違いに注意しなければならない箇所が続く。土の道から石段になるが、20分ほどで衣張山❹に到着する。山頂は広く相模湾や江ノ島、伊豆半島などの展望に優れている。晴天なら昼寝を楽しむ人も多い。ひと休みしたら南へ向かう稜線を進む。

　途中に階段を上下する箇所があるが、疲れるほどではない。水道設備のあるパノラマ台❺も展望に優れている。時間があればここでゆっくりするのもいい。温かい日差しの下、眠気に襲われることがあるが、気にせず少しだけまどろむのもいいかもしれない。ここに限らず、低山ハイクで昼寝を楽しむ人も多い。

　道なりに歩いてくるとまんだら堂やぐら群といわれるエリアに入る。

　ここは鎌倉時代に崖地に造られた横穴式の墳墓か供養の場所と考えられている。ミステ

⑥名越第一切通。訪れるたびに「今までどれだけの人がここを通ったのだろう?」とこの大岩に聞いてみたくなる。⑦名越切通。下山は左へ行く。⑧ここを抜けると名越切通の細かい説明看板が立っている。撮影して、ゆっくり読んでみよう。疑問に思っていたことがわかるかもしれない

リアスだが、ここを歩いているとその時代にタイムスリップしたような感覚になる。時間の許す限りこのエリアを散策してみることをおすすめする。

　<mark>名越切通</mark>⑥からわずかに下ると南ヶ丘団地という住宅街に出る。ここからバスで鎌倉駅まで戻ることができるが、鎌倉駅まで歩いてみるのもいい。ちょっと変わった楽しみ方だが、国道311号線を忠実に辿れば35分ほどで鎌倉駅に戻ることができる。野生のリスが走り回る姿が見えることもある。人間と自然が共存する理想的な生活ぶりが垣間見える。

三浦半島　衣張山

名越切通
（なごえきりどうし）

鎌倉時代、鎌倉から三浦半島に抜ける道として造られた名越切通。このルートの途中には、納骨や供養を目的としたと思われるやぐら群が造られた。当時と変わらない佇まいを今に伝えるやぐら群。ぜひ一度は歩いてもらいたい切通だ。

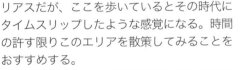

💧 **水場**　水場はない。鎌倉駅から登山口までの道筋に自販機やコンビニがある。
🚻 **トイレ**　鎌倉駅、鶴岡八幡宮、途中の各寺社にある。

●問合せ先
鎌倉市観光協会　☎0467-23-3050
逗子市役所経済観光課　☎046-872-8120

27

三浦半島

5 江ノ島や富士山が眺められる稜線を歩く

初・中級

標高	208m(上二子山)
歩行時間	3時間55分
最大標高差	198m
体力度	★★☆
技術度	★☆☆

三浦アルプス
みうら

1/2.5万地形図　鎌倉

登山適期とコースの魅力

	1月	2月	3月	4月	5月	6月	7月	8月	9月	10月	11月	12月
			ソメイヨシノ			ツリガネニンジン						紅葉
			ヒメウズ・ヤマルリソウ				ヤマユリ					

展望 阿部倉山山頂のさくらテラスからの展望と上二子山山頂からの眺めが自慢。
花 ソメイヨシノやツバキ、ヒメウズ、ヤマルリソウなどを観ることができる。
紅葉 例年11月中旬から12月上旬くらいが見頃のようだ。青い海とのコントラストがきれい。

春 最も登山に向いた季節といえる。小さな花たちを登山道で発見することができる。
夏 樹林帯を歩くため、登山季節ではない。
秋 秋風とともに登山者が多くなる。深い樹林帯とその隙間から眺められる大海原が人気。
冬 雪が積もることも少なく、快適に歩けるはず。

阿部倉山登山口に並ぶお地蔵様

アクセス

東京駅 — JR横須賀線 1時間8分 950円 — 逗子駅 — 3時間55分 — 東逗子駅 — JR横須賀線 1時間10分 950円 — 東京駅

東京駅からJR横須賀線を利用する設定をしたが、JR逗子駅の近くには京浜急行逗子線の逗子・葉山駅があるので、

自宅から乗り継ぎのいい路線を利用しよう。阿部倉山の南側に森戸川林道という道があるが、手入れされない状況が

続き危険なため、絶対に立ち入らないこと。ハイカーが迷い込まないように林道入口のゲートは閉じられている。

逗子市街をのんびり歩いて登山口を目指す

　JR横須賀線の**逗子駅❶**で下車したら京浜急行の逗子・葉山駅を目指す。5分ほどの逗子・葉山駅前をそのまま直進して車道を進む。正面にトンネルが見えてくる。桜山トンネルだ。ここを抜ける。トンネル内の歩道は車道よりも一段高く造られている。このトンネルを抜けると長柄の信号に出るが、ここも直進。5分ほどで再びトンネルが見えてくる。今度はそこには入らず、トンネル手前の信号、**風早橋バス停❷**の先で右へ。木の下通りを歩く。

　右に民家が並ぶ通りだ。左に急勾配の坂が見える。木の下の信号からこの坂を登る。葉山教会に向かう道だ。この道を登りきったと

阿部倉山登山口に向けて住宅街を歩く。正面が阿部倉山

左：阿部倉山の登山道はここから始まる。焦らずにゆっくり歩こう。
右：樹木の多い登山道を登る。危険はない

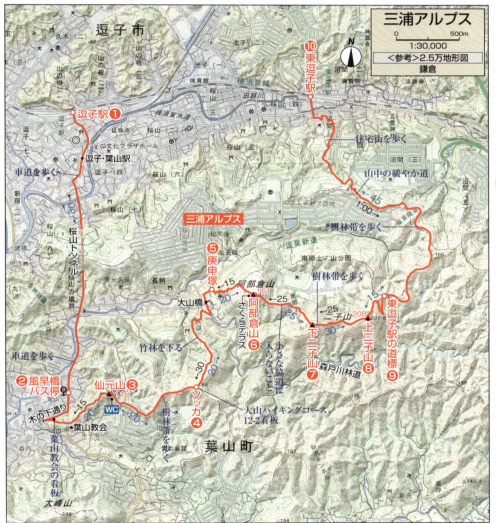

①平坦で樹木に囲まれた阿部倉山山頂。休憩するならレジャーシートが必要かもしれない。②仙元山から眺める江の島方面の海。③登山道は緑が豊富で蒸し暑いこともある。④阿部倉山山頂の展望櫓。⑤JR逗子駅。駅前は広場になっていて開放的

ころに葉山教会がある。登山道はこの教会正面の左側にある。道標はないが、樹林帯に延びる登山道に入ると「仙元山ハイキング図」が設置されている。樹林帯を少し進むと上空が開け、後方に相模湾が見えてくる。すぐに仙元山❸山頂だ。

稜線の肩のような場所に山頂があり、数台のベンチが置かれている。富士山や相模湾、江の島の展望がいい。平日なら小さな子どもを連れた親子連れの姿が目立つ場所。「天気のいい日なら、ここで昼寝をしたり本を読んだりして夕方まで過ごして帰宅する」という地元の人に会ったことがある。こんな場所で1日過ごせたら「幸せだろうな」と思う瞬間だった。

樹林帯を進み、最初の分岐を左に下る

仙元山からカンノン塚の道標に従って進む。樹林帯の道だ。すぐに階段状の道を下るようになる。その後は木の根が張り出した道を行く。なるべく根を踏まないように注意しよう。クヌギの木が多いようだ。

小さなピークまで登ったら、そこから細い道を軽くアップダウンする。樹林帯は薄く、太陽の恩恵をたっぷり受けることができる。

葉山町の町名が立つ地点からは海が見える。さらに進むと現在位置を示す看板がある。このエリアは行政が入り組んでいて、統一された道標類が少ないのが現状だが、その看板には警察署の電話番号が書かれている。メモしておくといいかもしれない。

小さな鞍部まで下ったら、そこから階段状の道を登り返す。右側に手摺り代わりのクサリが張られている。少し長いが登り着いた箇所が開けていて、相模湾の展望に優れている。麓の中学校のチャイムの音が聞こえてくる。生徒たちの元気な声も聞こえてくるようだ。

樹林帯をさらに進むと、左に下る道と右に行く水平道分岐点のソッカ❹に出る。「大山ハイキングコース1」という看板が目印だ。ここで左に下る。すぐに住宅街に入る。小さ

上二子山山頂から展望する東京湾。八景島シーパラダイスや東京湾を行きかう大型船が見えている

な橋を渡って右へ。正面に見える阿部倉山を目指す。住宅街を抜ける道の右側にある小さな 庚申塚❺ の脇が登山口。細い登山道を登ればすぐに樹木に囲まれた 阿部倉山❻ に着く。ここにある阿部倉山さくらテラスが休憩ポイント。ひと息入れたらわずかに進んで二子山への道を進む。細く狭い道で、分岐がいくつかあるがすべて無視して道なりに行く。展望には恵まれないが軽いアップダウンが楽しい。道が登るようになると 下二子山❼ に到着する。ひと休みしたらさらに進む。30分ほどで広い 上二子山❽ に着く。ここは広く開放的。休憩するスペースはたくさんあるので、時間の許す限りのんびりしよう。また、このコースは「トレラン」をする人たちにも人気がある。礼儀正しいランナーがほとんどだが、時折スレスレに追い抜いて行く人もいるので天気のいい休日には注意しよう。

上二子山からの下りは1本道で道なりに進む。 東逗子駅の道標❾ からは簡易舗装された道が続き歩きやすい。左上方に見えているのが、阿部倉山山塊だ。時々立ち止まって眺めるとそこを縦走してきた自分を褒めたくなるはずだ。木々の多いエリア抜けると、住宅街に入る。道なりの進めば 東逗子駅❿ だ。

三浦半島　三浦アルプス

さくらテラス

登山道から少し外れた地点にあるさくらテラス。好天だと正面に富士山を拝むことができる展望地だ。相模湾に浮かぶ江の島を前景にしたロケーションが印象的だ。

 水場　山中に水場はない。逗子駅で必ず購入すること。

 トイレ　逗子駅、仙元山、東逗子駅にあるがそれ以外にはない。

●問合せ先
逗子市経済観光課 ☎046-872-8120
葉山町産業振興課 ☎046-876-1111

三浦半島

6 三浦半島唯一のロッククライミング場

鷹取山
たかとりやま

初級

標高	139m
歩行時間	2時間30分
最大標高差	135m
体力度	★☆☆
技術度	★☆☆

1/2.5万地形図	鎌倉

登山適期とコースの魅力

1月	2月	3月	4月	5月	6月	7月	8月	9月	10月	11月	12月
			サトザクラ					キハギ			紅葉
		マムシグサ					イワタバコ・トキワツユクサ				
					ツクバネウツギ						

展望 山頂からは横須賀や金沢八景、房総方面が見える。山頂から眺める山中の大きな岩場の姿は圧巻。
花 アブラチャンやレンギョウ、ヒメウズ、アケビ、サトザクラ、ツクバネウツギ、マムシグサが咲く。
紅葉 12月上旬の紅葉はきれい。

春 高所でのクライミングのための練習をするグループや、クライミングを楽しむ人たちで賑わう。
夏 一般登山者の姿が多い。海風が心地いい。
秋 盛夏を過ぎると神武寺を訪れる人の数が多くなる。神武寺の紅葉見物が目的のようだ。
冬 雪さえなければオールシーズン登山可能。

鷹取山広場前のトイレと管理事務所

アクセス

品川駅 → 京浜急行本線特急 40分 → 金沢八景駅 → 京浜急行逗子線 5分 → 神武寺駅 → 2時間30分 → 追浜駅 → 京浜急行本線特急 45分 570円 → 品川駅
※品川駅〜神武寺駅 570円

往路、復路ともに京浜急行線を利用することになるので、自宅から京浜急行線に乗車できる駅までのアクセスを調べておこう。大きな駅では品川、川崎、横浜になる。三浦方面に向かう京浜急行線は休日には観光客で混雑することが多い。とくに夏休みには三浦方面へ海水浴に向かう人たちで混む。そのため余裕を持った計画を立てよう。

 ## 山歩きの無事を願い、古刹に参詣する

神武寺駅❶を出たら、駅前通りを左へ進む。5分ほど歩くと、神武寺・鷹取山ハイキングコース入口の道標が立っている。これに従って右に入る。すぐに中学校があり、そこを過ぎると道が狭くなり、にぎやかさも遠くなる。舗装路の突き当たりに建っているのは老人ホームだ。
登山口❷から建物に沿うように山道が始まる。池子石の石切り場を過ぎると、沢沿いから山に入っていく。ゆるやかに登っていくと階段が現れる。ここを登れば駅の名称にもなっている、地元の代表的な仏閣、神武寺だ。
山門❸を入ると小さな広場があり、寺のい

1 2
3

①スタート地点になる京浜急行神武寺駅。②神武寺。奈良時代初期、聖武天皇の命を受けた行基が下向して十一面観音、釈迦如来、薬師如来の三尊像を祀ったのが始まりと伝えられている。③神武寺の鐘楼。安政6（1859）年に建てられたようだ

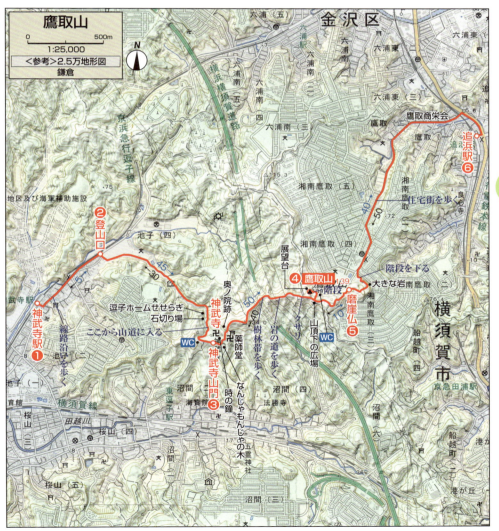

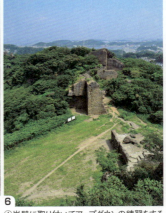

④岩壁に取り付いてアップダウンの練習をするクライマーたち。老若男女、年代も様々な人たちがそれぞれ技術の向上を図っている。⑤岩壁と樹木のコントラストがきれいな登山道が続く。⑥山頂から眺める金沢八景方面。手前に見える大岩にはクライマーが取り付いていた。⑦神武寺から鷹取山に向かう登山道。岩の道を歩く箇所が多い。⑧紹介コースの入口。住宅街から登山道が始まるが、道標はしっかりしているので安心だ

われや植物分布を説明する看板が立てられている。トイレもあるので、利用させてもらおう。境内で目を引くのが「なんじゃもんじゃの木」というホルトの木。樹齢400年を超える老樹らしいが、当初は樹種がわからなかったため、そういった奇異な名称がつけられたそうだ。先へ進み、薬師堂左の階段を登ると、奥ノ院跡に着く。

珍しい
ロッククライミング練習場の眺め

　神武寺奥ノ院を後に、露岩が点在する尾根道を登っていく。アップダウンはあるが、とくに危険な箇所はない。クサリが張られているところでも、それに頼らなくてもクリアできるので、安心していい。

　ここを過ぎると鷹取山山頂下の広場に出る。切り立った岩が屹立している場所で、ロッククライミングの格好の練習場になっている。天気さえよければ、多くのクライマーが汗を流している。いつかは自分も挑戦してみたい

と思うかどうかは人それぞれだが、そんな風景は滅多にお目にかかれない眺めだから、目に焼きつけておきたい。そそり立つ岩場の風景はきっと強く思い出に残るだろう。

天気がよければ
眺めのよさは申し分なし

　岩場の真上には**鷹取山**❹の展望台が見える。岩場に沿って進み、階段を登れば展望台だ。ここからは東京湾や八景島シーパラダイス、房総半島、江の島、丹沢の山並みと、360度の素晴らしい展望が得られる。天気がよければ、いつまで見ていても飽きない絶景だ。高い山がない三浦半島では、すぐ近くに海を望めるピークも多いが、遮るものがないここからの眺めは多くの人々が上位ランクに推すだろう素晴らしさ。ただし、眺めのよさと風が強いことが多いことは裏腹の関係なので、身につけたものを飛ばされたりしないように。荷物の管理にも気をつけよう。したがって弁当を広げるなら、展望台であわててランチタ

34

クライミングの痕跡が至るところに残る鷹取山。どこか異星を描いたSF映画の舞台のようにも見える

イムにするのではなく、広場まで戻るのがおすすめ。トイレの前に清涼飲料水の自販機があるのもうれしいポイントだ。

突然現れる磨崖仏に
声を忘れる

　たっぷり休憩したら、鷹取山の案内看板後ろの切り立った岩の間を抜けて進む。階段を登り下りすると、正面に高さ8mほどの**磨崖仏❺**が現れる。横須賀市内在住の彫刻家により昭和40年ごろに彫られた立派な仏像で、間近で見るとその迫力に圧倒される。

　しばらく時間を過ごした後、磨崖仏の左脇にある小道に入り、切り立つ大岩の間を抜ける。水道局のフェンスに沿って歩き、階段を下ると舗装路に出る。振り向くと右後方に、鷹取山山頂が見えている。

　ここから舗装された住宅街の道を下る。最初はちょっときつい下りだが、次第に勾配は落ち着く。雷神神社前の信号で国道16号に合流する。ここを右へ歩けばほどなく**追浜駅❻**に着く。

磨崖仏

湘南妙義という異名を持つ巨大な弥勒菩薩像。垂直に切り立った岩が特徴の鷹取山は、その形状から群馬県の妙義山に例えられ、「湘南妙義」の別名がある。製作したのは、横須賀市在住の彫刻家藤島茂。1年かけて彫り上げ、1961（昭和36）年に完成。

💧 **水場**　鷹取山山頂下の広場に水道があるが、ペットボトル1本分くらいは持っていくこと。神武寺駅近くにコンビニがある。

🚻 **トイレ**　神武寺駅、神武寺、山頂下広場、追浜駅にある。

●**問合せ先**
横須賀市観光案内所 ☎046-822-8301
横須賀市観光課 ☎046-822-8294

三浦半島　鷹取山

三浦半島

7 戦争遺産が残る山として人気がある

初　級

標高	183m
歩行時間	2時間15分
最大標高差	180m
体力度	★☆☆
技術度	★☆☆

三浦富士
みうらふじ

1/2.5万地形図　浦賀

登山適期とコースの魅力

	1月	2月	3月	4月	5月	6月	7月	8月	9月	10月	11月	12月
		スイセン		サクラ	ツツジ シャクナゲ		ハナショウブ	ハス			紅葉 コスモス	

展望　山頂からは三浦海岸や鎌倉、横浜方面が眺められる。
花　武山では4月中旬〜5月上旬にかけてのツツジが見事。ヒメウズ、スミレなども咲く。
紅葉　例年11月中旬〜12月上旬が見頃のようだが、その年によって微妙に時期が異なる。

春　新緑時が最も歩きやすいが、雨天が続いた後は道が滑るので要注意。
夏　樹林帯が意外に深いので盛夏の登山はたっぷり汗を絞られる。
秋　登山に適した季節。紅葉期がいい。
冬　雪がなければ登ることができる。

道標が適切に配されているので安心

アクセス

品川駅 ─ 京浜急行本線・久里浜線特急 1時間10分 740円 ─ 津久井浜駅 ─ 🚶 2時間15分 ─ 竹川バス停 ─ 京浜急行バス 20分 350円 ─ 三浦海岸駅 ─ 京浜急行本線・久里浜線特急 1時間15分 740円 ─ 品川駅

品川駅から京浜急行線を利用するのが最も楽だが、京浜急行線には川崎駅、横浜駅で乗り換えることができるので、

東京方面からなら東急線や京浜東北線、東海道線、横須賀線、南武線などを利用することもできる。また、盛夏だと

三浦方面に向かう海水浴客で京浜急行線は混むことが多いので、少し早めに出発する計画を立てよう。

三浦富士から武山へ縦走気分も楽しめる

ほのかに潮の香りが漂う**津久井浜駅❶**の改札を出て、左のガードをくぐり抜けると住宅地を歩くようになる。遠くに畑が広がるのどかな雰囲気のところだ。**高田橋❷**のたもとを右折すると左手の畑越しに目指す三浦富士から武山が見える。がぜん登山意欲をかき立てられ、思わず気がはやる。次の曲がり角に三浦富士への道標があり、これに従って左折する。道標のおかげで迷うことはないはずだ。

左に鳥居が見えてくる。その前を進むと道が細くなり、**横須賀警察犬訓練所❸**前に出る。ここからは山道になり、木々の間を進む。道が大きく左に曲がると、目の前に階段が現れ

①津久井浜駅から三浦富士登山口までの道。地元の人にさえ意外と会うことのない明るい道。②スタート地点津久井浜駅。必要な物はここで入手できる。③歩きやすい山中の登山道

36

④三浦半島の温暖な気候に恵まれ山中の木々は大きく育っているようだ。林を抜ける涼風が心地いい。ベンチでひと休みしよう。⑤木の根が露出した箇所も多いので踏まないように歩こう。⑥三浦富士山頂。三浦海岸が眼下に広がっている。⑦三浦富士を過ぎてしばらく行くと、大木の少ない林を歩くようになる。⑧この鳥居をくぐって三浦富士の山頂に向かう。足元は若干、岩が絡むので足元に注意しよう

る。手摺りのついた階段を登る。意外なほど長い階段で、最初から張り切って登ると、息が切れてくる。ゆっくりしたペースで登ったほうが、短時間で登れるだろう。登りきれば<mark>三浦富士</mark>④山頂だ。頂は岩場で、狭い。小さな祠が祀られているほか、いくつもの石碑が立っている。三浦海岸が眼下に広がり、箱根や伊豆方面の後方に富士山が見えることもあるらしい絶景の地だが、ゆっくりと休むスペースもないのが残念だ。

途中の砲台山へも
ぜひ立ち寄りたい

　山頂でひと息ついた後、武山方面へ向けて細い道を下る。その後、階段状の道を下ると、歩きやすい尾根道になる。階段を下ってしばらく進むと見晴台がある。休憩できるスペースがあるので、三浦海岸方面の眺めを楽しむといい。

　樹林帯の道を進んでいくと、道のまんなかに大きな岩が見えてくる。ここが砲台山と武山（たけやま）の分岐になる。まず、右の道を歩いて<mark>砲台山</mark>⑤を見学する。少し登り勾配の道を進めば、すぐに鉄塔の建つ砲台山だ。かつて太平洋戦争時には大砲が備えられていたらしい。こうした歴史もあって、あえて展望は放棄したとしか思えないことに胸が締めつけられる思いがする。ここを訪れて、改めて平和のありがたさを実感できた。鉄塔の前に草地が広がっているだけの静かな山頂の端には砲台が置かれていたらしい場所がある。ハイキングのついでに平和教育にもなる、声を出すわけではないものの、雄弁な証言者だ。

広々とした山頂の
武山へ

　先ほどの分岐まで戻り、改めて武山を目指す。樹林帯の細い道が続く。途中、大きな木の下にベンチが置かれている。武山はそれほど距離はなく、先を急ぎたくなるが、意外に足に疲れたたまっているので、ありがたい休憩ポイントといえる。土の流失防止のための

⑨武山山頂に建つ休憩所（アゼリアハウス）の屋上から眺める景色。三浦海岸、大船、鎌倉、横浜方面が展望できる。ここからは舗装された道をゆっくり下るだけなので、のんびりしていこう。⑩登山口手前の緑に囲まれた道。⑪三浦富士の登山口手前にある「犬の学校横須賀警察犬訓練所」⑫下山した竹川バス停付近から眺める三浦富士。⑬意外に運行本数が多い竹川バス停。ここから各方面へ

階段を歩くようになると、右に鉄塔が見えてくる。ここが**武山**❻山頂で、広々とした広場を備え、弁当を広げるには格好だ。気に入った場所にレジャーシートを広げて、弁当の後、昼寝を楽しむのもいい。

鉄塔前を通って左に曲がったところに、休憩所を兼ねた展望台がある。ここからは三浦海岸方面はもとより、遠く横浜方面も見える。ここでロケーションを楽しみながら休憩するのもいいが、ゆっくり過ごしたいなら階下の休憩所をすすめたい。

休憩所の前には武山不動があり、ここに手を合わせた後、舗装された道を下る。武山不動に向かうクルマが通る道なので、道の端を歩くようにしよう。竹川バス停までの距離は約1.5km。木々の緑が美しい道で、のんびりと歩きたい。山頂から900mほども下ると住宅街に入っていく。下り勾配が若干きつくなるようだ。武山山頂1.3kmの道標が立つ地点で大きく右に曲がれば、ほどなく**竹川バス停**❼に着く。

竹川バス停からは京浜急行バスを利用する。三崎口駅、三浦海岸駅、横須賀駅などに路線があり、バス停に到着した時刻次第で、都合のいい便に乗るといい。

砲台山

第二次世界大戦の爪痕を残す砲台山。本来は大塚山という名称なのだが、現在ではこの通称で呼ばれることが多い。太平洋に向けて開けたすり鉢状の砲台跡。現在でも苔むすことなく当時の形状を守っているようだ。

 水場 コース上に水場はないので、事前に用意すること。津久井浜駅前にスーパーマーケット有。

トイレ 津久井浜駅、武山にあるがそれ以外にはない。

●問合せ先
横須賀市観光協会・観光案内所 ☎046-822-8301

湘南

8 湘南の海を見下ろす大磯に聳える山

大磯浅間山
（おおいそせんげんやま）

初級

標高	181m
歩行時間	2時間25分
最大標高差	170m
体力度	★☆☆
技術度	★☆☆
1/2.5万地形図	平塚

登山適期とコースの魅力

	1月	2月	3月	4月	5月	6月	7月	8月	9月	10月	11月	12月
	寒桜			サクラ					ヤマユリ		紅葉	
		スイセン			フジ		ヒマワリ			ヒガンバナ		
						アジサイ						

展望 山頂の展望台からは相模湾の大海原や丹沢方面の山が見える。
花 シャガやスミレ、キブシなどの花を観察することができる。また、冬のスイセンや寒桜、5月のフジの花も美しい。
紅葉 11月〜12月の紅葉が美しい。

春 サクラ、カワラナデシコ、アジサイが咲き、最も訪れる人が多い。
夏 ひまわりが咲き、海風が心地いい。
秋 ヤマユリが斜面に咲く。モミジは12月。
冬 乾燥した晴天日なら富士山や箱根連山が相模湾越しに眺められる。

大磯の住宅街を登って山頂を目指す

アクセス

東京駅 →（JR東海道本線 1時間10分 1170円）→ 大磯駅 →（2時間25分）→ 大磯駅 →（JR東海道本線 1時間10分 1170円）→ 東京駅

大磯町は太平洋に面し、暖流の影響を強く受けているため温暖な気候を保っている。豊かな自然環境で、いつかは住んでみたい憧れの町となっている。目指す大磯浅間山はその住宅街に延びる道からアプローチすることになる。大磯は元々宿場町だった。明治中期から伊藤博文などが別荘を構えたことから高級住宅地というイメージが定着した。

コースガイド 宿場町の風情を漂わせる落ち着いた街並みをたどる

大磯駅①を出たら、右へ進む。すぐに道は二手に分かれるが、ここは線路沿いに延びる道をとる。左手に大磯小学校が見えたら右に曲がり、JR東海道本線のガードをくぐる。住宅街を進んでいく。相模湾に面した家が並び、海が好きな人には憧れのロケーションが広がっている。浅間山を訪れて、この地に家を建てた人も多いようだ。憧れを抱きながらゆっくり登って行くと日蓮宗の古刹、妙大寺が現れる。

この境内にはわが国で最初の海水浴場をこの地に開こうと提唱した医師、松本順の墓が立っている。松本は長崎でオランダ医学を学

①閑静な住宅街に繋がる落ち着いた雰囲気の大磯駅。盛夏には大磯の海岸に向かう人たちで混雑する。②ここで東海道本線の線路をくぐり登山道に入る。③未舗装道でも歩きやすい

④山頂に向かう途中から見る大磯の町並みと海。大磯に住んでみたい…と思うロケーションだ。⑤大磯の住宅街に延びる道は意外に勾配がきつい。⑥山頂手前の休憩スペース。散策で訪れた地元の人たちの利用が多いようだ。ここでランチにしてから山頂に向かうのもいい。⑦大磯浅間山を象徴するテレビ塔。ここの展望台からのロケーションは抜群だ

び現代医学の基盤を作った人物の一人で、その功績は現在でも称えられている。

そうした歴史の重みが、このコースに彩りを添えてくれる。

妙大寺の先で右に入り、住宅街をジグザグに登る。右に相模湾が眺められるようになると、坂の頂上に到着する。ここで高田公園への道標に従って、階段を登っていく。登りきると高田公園❷で、相模湾や伊豆半島の眺めがいい。子どもたちが遊ぶ姿が微笑ましい。

また、公園の一角には米軍占領下の状況を風刺した随筆『ブラリひょうたん』の作者、高田保の墓が立っている。この書物は昭和20年に発行されたもので、現在でも人気のある随筆のようだ。ここでひと休みしよう。

高田保の墓の脇から簡易舗装の細い道を登っていく。数軒の民家を過ぎると道は平坦になり、杉林を歩くようになる。

道なりに進んでいくと、右から林道が合流してくる。ここを左へ。すぐに山道になり、別荘のような建物を見ながら登る。湘南平の道標に従い、長めの階段を登ると東小磯配水池がある。

古くから開けた
住宅地ならではの落ち着き

ここを右へ進む。軽い登りと滑りやすい下りが続く。右前方の木々の間からは相模湾が眺められる。丸太の階段をクリアしたら、平坦に近い道を進む。ジグザグの登りにかかると、湘南平と浅間山の分岐点は近い。

分岐を左へ進み、湘南平を目指す。正面にテレビ塔、その後方には千畳敷❸といわれるほど広々とした公園がある。その端に見える展望台に行ってみよう。最上階からの展望は圧巻で、相模湾から伊豆、丹沢山塊が広がる。展望台の下にはレストランや売店もある。休憩したり、ランチを広げるなら千畳敷の広場がおすすめ。気に入った場所でお腹を満たそう。食後はゆっくり昼寝を楽しむのもいい。また、展望台に行くのはランチの後がいいかもしれない。

42

⑧高来神社。別名は高麗神社。朝鮮半島にあった高句麗からの渡来人に由来する神社のようだ。⑨浅間山から高麗山に向かう稜線。⑩展望のない高麗山山頂。広いので休憩にいい

浅間山から稜線を辿って高麗山へ向かう

　展望のない浅間山❹から稜線を進む。一等三角点のある浅間山からなだらかな尾根道を歩いて高麗山へ。休憩が足りないようならこの浅間山で一服するといい。風のある日でも多少和らぐように思う。

　なだらかな尾根道で歩きやすいが、軽いアップダウンが点在するので休みながらのんびり行くのがいい。この道はヒガンバナが自生することでも知られている。開花時期は9月中旬～下旬。この時期には多くの登山者と出会うことができる。やがて高麗山へ300mの道標が立つ鞍部に到着する。ここで立ち休みをしてさらに進む。小さなピークに乗れば、そこが高麗山の西側ピークの八俵山。さらに進んで小さな橋を渡り、簡単な岩場を越えれば高麗山❺山頂に着く。かつて高来神社の上宮が祀られていた場所だ。

高麗山から高来神社を経て大磯駅へ

　高麗山から下山にかかる。男坂と女坂の分岐ではどちらを選択してもいいが、ここでは女坂を選択する。このあたりの林は神奈川県が指定した自然林で美しい。立ち休みを繰り返しながらその美しさを堪能しよう。20分ほどで高来神社❻。社名は朝鮮半島の高句麗からの渡来人に由来するともいい伝えられている。

　掃き清められた社殿に登山の無事を報告したら国道1号を右へ。道なりに歩けば20分ほどで大磯駅❶に戻ることができる。

高麗山公園レストハウス

山頂にあるレストハウス。休日には近隣だけではなく、東京方面からも多くの人が訪れる。1階が売店で2階が展望レストランになっている。営業時間は平日10時30分～17時、土・日・休日9時30分～19時。

●水場　湘南平に水道がある。また、レストハウスがあるので利用するといい。
●トイレ　大磯駅、高麗山公園レストハウス、高来神社にある。
●問合せ先
大磯町観光協会 ☎0463-61-3300
大磯町産業観光課 ☎0463-61-4100

箱根

9 源頼朝ゆかりのしとどの窟から幕山へ

初・中級

標高	626m（幕山）
歩行時間	5時間20分
最大標高差	600m
体力度	★★☆
技術度	★☆☆

1/2.5万地形図　箱根、熱海

しとどの窟～幕山
（しとどのいわや　まくやま）

登山適期とコースの魅力

展望　幕山山頂からは真鶴半島や初島が眺められる。時間が許す限り展望を楽しみたい。
花　最終目的地の幕山は梅で有名な山だが、夏にはアジサイ、秋にはキンモクセイなどが咲く。
紅葉　幕山全体が燃えたように紅葉色に染まる。毎年それを楽しみに多くの人が訪れている。

春　幕山では例年、2月～3月にかけて「梅の宴」が開催され、多くの人が訪れる。
夏　汗をたっぷり絞られるが、海風が心地いい。
秋　最も歩きやすい季節となる。
冬　積雪がなければ楽しめる。ハイキング後の温泉も楽しい。

頼朝が自害しようとした自鑑水（自害水）

アクセス

東京駅 → 東海道本線 1時間40分 1690円 → 湯河原駅 → 5時間20分 → 鍛冶屋バス停 → 箱根登山バス 12分 220円 → 湯河原駅 → 東海道本線 1時間40分 1690円 → 東京駅

東京駅からJR東海道本線を利用して湯河原駅まで行く設定だが、新幹線で熱海まで行くこともできる。東京駅を基点にすると往復のアクセス時間と全歩行時間を合計するとほぼ9時間に近い数字になるため、前泊や登山後の宿泊を考えるといいかもしれない。歴史のある温泉宿やリーズナブルな料金設定の宿も多い。

 湯河原駅から開放的な道を登る

　源頼朝ゆかりの土肥城址としとどの窟を訪ねる低山ハイキング。1日たっぷり自然と歴史に浸ることのできるコースだ。
　<u>湯河原駅</u>❶を出たら、すぐに東海道本線に沿った小道を真鶴方面へ歩く。すぐのガードをくぐり住宅街に延びる狭い舗装道路を進む。少しずつ登り勾配がきつくなるのでゆっくり歩く。左に古刹の成願寺が見えてくる。ここを過ぎるとミカン畑が現れ、後方には湯河原の海が見えてくる。
　竹林が広がるエリアになると勾配が増してくる。かぶと石に行く分岐、立石に行く分岐を過ぎてしばらく進むと、舗装道路から山道

上：しとどの窟。さまざまな石塔がある。どれも古いものだが、頼朝を偲ぶ人たちが供養のために建てた物ではないかといわれる

下：椿台に立つ石塔。ここがしとどの窟への入口になる

①幕山山頂から眺める太平洋。左下に見えているのは真鶴半島。雄大なロケーションが自慢だ。②城山から椿台に向かう道。椿台手前あたり。③椿台。多くの二輪ライダーが訪れている。④椿台の休憩舎。⑤しとどの窟に向かう広場前の石塔

に入る。疎林帯をわずかに登ると舗装道路に出る。城山の道標が立っているので、これに従って再び山道に入る。明るい山道を15分ほど登れば城山❷山頂に到着する。

城山山頂には土肥城址の石碑が立っている。ここには頼朝をかくまった土肥実平の居城があった場所のようだ。現在はそれを示す石碑があるだけ。しかし、真鶴半島や初島、太平洋の大海原が広がっている。東屋が建てられているので、眺めを堪能しながら何時間でも過ごしていたいと思わせてくれる場所だ。

頼朝が身を隠した
しとどの窟を見学

城山山頂から、しとどの窟バス停を目指す。相変わらずの舗装道が続く。クルマの往来にはくれぐれも注意しよう。

わずかに急坂を下る。その後は樹林帯に延びる道を進む。ゆるいアップダウンが続く。短い石畳の道を抜けて、奥湯河原自然公園の看板が立つ道に出る。ここから石畳の遊歩道を下って椿台❸の展望台まで行ってみる。ここは二輪ライダーには有名な場所らしく、休日には多くのライダーが訪れている。

展望台脇の階段を下ると左に舗装道路が延びている。ここを歩いた先にあるトンネルを抜ける。そこに小さな広場がある。この広場脇のジグザグ道を下る。道の両側には90体もの弘法大師の像が並んでいて、厳かな雰囲気が漂っている。

下り着いた箇所に、石橋山の戦いに敗れた頼朝が家来と身を隠していたと伝えられるしとどの窟❹がある。入口にはたくさんの石塔が立てられている。

しとどの窟から
幕山へ向かう

しとどの窟から往路をわずかに戻ると、幕山公園に抜ける小道がある。ここに入って幕山を目指す。のどかな林道のような道を40分ほど歩けば一の瀬橋❺だ。ここから道なりに左へ。少し登り勾配のある道に入る。

⑥梅のシーズンの幕山。幕山がいろいろな色に染め分けられる季節だ。⑦このトンネルを抜けてしとどの窟入口へ行く。⑧シーズン中の幕山梅林。⑨幕山公園のトイレ。周囲に合わせたデザインだ。⑩湯河原駅からののどかな道。この先でかぶと石の道が分岐する

　大石ヶ平⑥までは林道歩きだったが、ここからは山道を登ることになる。山道を登って行くと木々の間に小さな池が見えてくる。頼朝が池に映る自分の姿を見て自害しようとして、家臣に止められた**自鑑水分岐**⑦だ。ここから20分ほどで**幕山**⑧山頂に到着する。

　幕山山頂は比較的広く草原のように開けている。足元には真鶴半島が見え、太平洋の大海原が広がっている。時間の許す限り、太陽の恩恵を受けながら休憩しよう。気に入った場所でうたた寝するのも、ここの楽しみ方の一つだが、梅の開花シーズンには多くの観光客が麓の梅林を見学にくるので、山頂も混雑する。

　下山は山頂から幕山の斜面を下って**幕山登山口**⑨へ。シーズンなら梅の花を眺めながら下ることができる。

　幕山登山口から25分ほど歩いた**鍛冶屋バス停**⑩から湯河原駅までバスで戻る。幕山登山口にもバス停はあるが本数が少ないので、鍛冶屋バス停のほうが便利。

自鑑水

平安時代末期の治承4(1180)年に源頼朝と平氏の大庭景観との間で行われた戦いに敗れ、源氏は箱根山中に敗走。その際に数人の家臣と隠れたのがしとどの窟。敗走の際に池に映る自分の顔を見て自害しようとしたのが自鑑水だ。

水場　水場としておすすめできる箇所はない。スタート地点の湯河原駅で揃えるようにしよう。幕山公園に水道、自販機がある。

トイレ　湯河原駅、しとどの窟バス停、幕山公園、幕山公園駐車場にある。

●問合せ先
湯河原温泉観光協会 ☎0465-64-1234
宿泊情報は「湯河原温泉公式観光サイト」が便利

箱根　しとどの窟〜幕山

伊豆半島

10 大きな富士山の眺めが印象に残る山

初・中級

標高	392m(鷲頭山)
歩行時間	6時間20分
最大標高差	388m
体力度	★★★
技術度	★☆☆

沼津アルプス（ぬまづ）

1/2.5万地形図	沼津、三島、大瀬崎・韮山

登山適期とコースの魅力

1月	2月	3月	4月	5月	6月	7月	8月	9月	10月	11月	12月
積雪期		新緑			梅雨		夏山			秋山	晩秋
		サクラ			クサイチゴ		センテイカ		アキノタムラソウ		
	タチツボスミレ							イワギボウシ			

展望 香貫山山頂からの富士山や駿河湾の眺めが素晴らしい。縦走路の各頂からの展望もいい。
花 サクラやコブシ、タチツボスミレ、ハクモレン、クサイチゴ、カキドオシ、アキノタムラソウなどが咲く。
紅葉 例年10月下旬〜11月下旬頃まで、イロハモミジ、イチョウ、ハゼノキ、ドウダンツツジが有名。

春 満開のサクラと雄大な富士山を同時に楽しむことができる。サクラは3月下旬〜4月上旬。
夏 盛夏は暑いが他の山と違うのは眼下に駿河湾を眺めながら歩けること。
秋 紅葉見物を兼ねての山歩きが楽しい。
冬 雪がなければ歩けるが、防寒対策は完璧に。

こうした箱に入れてミカンジャムを販売

アクセス

東京駅 →（東海道新幹線 50分）→ 三島駅 →（東海道本線 7分）→ 沼津駅 →（6時間20分）→ 多比バス停 →（伊豆箱根バス 30分 540円）→ 沼津駅 →（東海道本線 7分）→ 三島駅 →（東海道新幹線 50分）→ 東京駅

※東京駅〜沼津駅 4070円　※沼津駅〜東京駅 4070円

東京駅から東海道新幹線を利用すれば、登山口の沼津駅まで東京駅から1時間足らずで行くことができる。普段、マ

イカー登山派の人には驚くほどの時間短縮だ。運転に集中しない分、頭と体が軽くなったような状態で山歩きを楽し

むことができるのかもしれない。日頃、マイカーで移動している人達にすすめたい駅から登山の山だ。

コースガイド 伊豆半島の入口にそびえる山に登る

沼津駅❶から登山口までバスで行けるがウオーミングアップを兼ねて歩いてみよう。

駅を出たら沼津市役所を目指す。狩野川を渡り市役所前で左へ。20分ほどで香貫山登山口に到着する。民家の脇にあるような登山口だが、道標はしっかりしている。

階段状の道から斜面を登れば、すぐに香陵台だ。ここから夫婦岩を経由して、**香貫山❷**山頂へ。駿河湾が眼下に広がる山頂だ。ここから下ると展望台に出る。富士山と駿河湾の眺めがいい場所だ。中央に建つのが展望塔。

展望台の下から八重坂方面へ舗装道路を下る。車止めのゲートを越えて横山方面へ。右

沼津駅前から沼津アルプスへ向かう女性登山者

登山道にはたくさんの手作り道標がある。沼津アルプスやそこを歩く登山者に対する優しさが感じられ、とても心地よく歩くことができる

48

①香貫山山頂から眺める富士山。遮る物がないので迫力がある。何時間でも対峙したいとも思う。②香貫山山頂のモニュメント。③徳倉山山頂。草地で広いため、どこでも休憩ポイントになる。山頂標識の後方に富士山が見える。④香貫山山頂に建つ展望台。ここからの景色は絶景だ。⑤登山道にはロープが張られた個所も多い。焦らずに右手に持って歩くこと

側のコンクリートの壁が途切れた所が**八重坂峠**❸で横山の登山口になる。ロープが垂らされた足場の悪い道を登ると横山だが、展望に期待できる山頂ではない。斜面を下って横山峠へ。アップダウンを繰り返して**徳倉山**❹へ。山頂は広いので少し休憩していこう。

平家最後の武将、平重衡の墓に参る

徳倉山から急斜面を下ることになる。張られたロープが頼りだが、足元が滑るので注意したい。下り着いた稜線は意外に安定している。駿河湾が見えてくると千金岩に着く。進行方向の正面に見えているのが鷲頭山だ。千金岩からいったん下ったら、海を眺めながら会歩くようになる。ほとんど平坦で歩きやすい。志下坂峠を過ぎるとすぐに志下山。登山道の脇で多くの登山者が休憩していた。海風が心地いい場所でもある。さらに、きらら展望台、ぼたもち岩を過ぎると**志下峠**❺に到着する。

ここからわずかに登った所が中将宮。清盛の五男として生まれ平家最後の将軍として自害した悲運の武人、平重衡(しげひら)の墓。大きな岩を利用した簡素な宮だ。

中将宮から短いクサリが張られた箇所を登る。その後、岩や木の根が露出した斜面をひと登りすると小鷲頭山に着く。山頂の後に重衡が自害したといわれる小さな台地が現存している。

ひと息入れたら 先に進む

重衡に思いをはせたら、ロープが張られた道を下る。鞍部から登り返した地点が鷲頭山だ。広い草地の山頂は休憩するのに適している。ベンチが空いていれば、そこで小休止しよう。ここは沼津アルプスで最も標高の高い場所だ。

鷲頭山から少し急な道を下る。ロープが張られているが、頼らなくても大丈夫だ。多比峠まで下ったら、そこから樹林帯に延びる細

⑥香貴山山頂から眺める駿河湾。どこか神秘的なロケーションだ。⑦千金岩からの展望。駿河湾が一望できる。いっとき足を停めたい場所だ。⑧標高356mの大平山山頂。⑨多比バス停に向かい登山道から車道を歩く。⑩終点の多比バス停で沼津駅行のバスを待つ登山者

い道を進む。足元は岩場になるが、浮いた石などはないようだ。しかし、十分に気をつけて下るということに集中しよう。

　大きな岩の上を上下するようになると多比口峠は近い。ステップが刻まれた岩では、それを上手に利用しよう。多比峠から多比口峠まではおよそ30分。集中力を切らさないことが大切。意識が集中できない時は、ほかの登山者の邪魔にならないように休憩しよう。

最終目的地の大平山は
広々とした空間

　多比口峠から下山して多比バス停から沼津駅に戻るが、その前に大平山へ向かおう。峠から樹林帯に延びる道を進めば大平山❻山頂。展望はないが、歩いてきたコース中、最も広い山頂を誇っている。

　山頂からは多比口峠まで戻り、道標に従って多比バス停を目指す。最初は急勾配だが、少しずつ勾配は緩む。20分ほども歩けば登山道は林道に変わり、ミカン畑のなかを下る。

ミカンジャムを販売する民家もある。沼津アルプス土産にうってつけだ。

　車道を左に進んだところに多比バス停❼がある。ここから沼津駅まで30分バスに乗る。

中将宮

中将宮は、源平の合戦で敗れた平清盛の五男、三位中将平重衡が祀られた場所。源平の合戦に敗れ、この地に流されたという。その重衡を祀ったのが中将宮だ。その自刃した場所が、現在でも登山道脇に残されている。

💧 **水場**　香陵台に水道がある。その先にも水道あるが、筆者が訪れた時に水が出なかったことがある。できれば水は持参しよう。

 トイレ　沼津駅、香陵台、香貴山にある。

●問合せ先
沼津観光協会 ☎055-964-1300

伊豆半島 沼津アルプス

丹沢

11 弘法大師ゆかりの山に登る

初級

標高	235m
歩行時間	2時間50分
最大標高差	200m
体力度	★☆☆
技術度	★☆☆

弘法山
こうぼうやま

1/2.5万地形図：秦野、伊勢原

登山適期とコースの魅力

	1月	2月	3月	4月	5月	6月	7月	8月	9月	10月	11月	12月
				ソメイヨシノ		アジサイ					紅葉	
					シャガ					コマユミの実		
							ヤマユリ					

展望 権現山山頂の展望台からは大山や湘南方面の海が展望できる。
花 春のソメイヨシノから夏のヤマユリなど、四季それぞれの可憐な草花が楽しめる。
紅葉 例年11月下旬〜12月上旬には浅間山から弘法山にかけての稜線が赤く染まる。

春 弘法山エリアでは1400本以上のサクラが開花。年間で最も訪れる人が多い。
夏 盛夏に咲くヤマユリが美しい。
秋 このエリアでは最も人気のある紅葉スポット。
冬 寒い晴天日なら相模湾から富士山が展望できる。ただし、防寒対策を忘れないように。

弘法山は人気があり道標の状態もいい

アクセス

新宿駅 ──小田急小田原線急行 1時間 610円── 鶴巻温泉駅 ──2時間50分── 秦野駅 ──小田急小田原線快速急行 1時間5分 700円── 新宿駅

東京方面からなら、新宿駅が始点となる小田急線を利用するのが最も早い。急行利用だと新宿駅〜鶴巻温泉駅は1時間。帰路は秦野駅から小田急快速急行を利用して1時間5分で新宿駅まで戻ることができる。小田急線は代々木上原駅で千代田線、下北沢駅で京王井の頭線、登戸駅でJR南武線、町田駅でJR横浜線、海老名駅で相鉄線に接続。

シーズンには桜吹雪が美しい 気軽な散歩に出発

鶴巻温泉駅❶北口を背に、弘法の里湯を目指して歩き始める。住宅街に入ると、ほどなく左手に施設が現れる。ひと汗流したいところだが、まだ歩き始めたばかりで汗をかく暇もなかったため、今回は通過する。あるいは紹介コースを逆に歩けば、期待通りの結果になるはずだ。

民家の間を抜け、東名高速道路をトンネルでくぐる。それを抜けた所に弘法山の道標が立っている。それに従って民家の脇を登ると石柱が現れる。ここから山道になり、石柱を回り込むようにして左へ進む。ほとんど畑の間を歩くといった感じだ。

①鶴巻温泉側の弘法山登山口手前。②鶴巻温泉駅をスタートしたら民家の脇を登る。③鶴巻温泉駅から弘法山に向かう実質的な登山口。ここからが山道になる

サクラのシーズンの権現山。展望台から眺めると大山のきれいな山容が見える。木の下のベンチで少し休憩しよう

丹沢 弘法山

視覚と聴覚の情報ギャップは
珍しい経験になる

　左右に畑が広がる田園地帯から、日当たりの悪い樹木の茂った道に入る。しかし、東名道を走るクルマのエンジン音ははっきり聞こえる。目に入る情報と耳に聞こえる情報のアンバランスさがおもしろい。木々の間を気持ちよく進むと、吾妻山❷に到着する。

　吾妻山山頂には小さな東屋が建ち、サクラの木に囲まれている。展望はないが、日当たりには恵まれている。ここは日本武尊が東征の際に立ち寄ったところともいわれている。

散歩感覚の人々が目立つ
サクラの名所

　吾妻山から緩やかに下る。やがて道は平坦になり、まっすぐに延びる尾根道を進むようになる。直線的な道は日当たりに恵まれ、気持ちがいい。鉄塔下を抜けてしばらく歩くと、善波峠への分岐❸に着く。ここを右にとれば念仏山から大山につながる登山道で、散歩気分で入ってしまうと後悔しなければならない結果になるが、今回目指す弘法山へは反対側の左へ、階段を登っていく。登りきったあたりからは大山方面が展望できるので、立ち休みをしながら楽しもう。次の機会にはあの山を目指すことにしようと、決意も固まるはずだ。最後に急坂をひと登りすれば、弘法山❹山頂に到着する。

　弘法山はその名のとおり、弘法大師ゆかりの山として知られる。大師がこの山で修行したとされているところから名称がつけられた。そのため、釈迦堂や鐘楼、ゆかりのある井戸

吾妻山山頂。小さな東屋が建っている

（現在は涸れている）など大師にまつわるスポットが点在している。サクラのシーズンには花見客で混雑するので、覚悟しておきたい。通常のコースタイムではとても歩けないこともあるので、時間に余裕を持った計画を立てよう。

昼食はのんびり休憩できる
権現山で

弘法山から階段を下っていく。下りきったところからは、広く平坦な道になる。昔、近隣の人たちが草競馬を楽しんだといわれる道だ。現在でも馬場道と呼ばれているのはその名残といえる。ここもサクラの名所と知られ、シーズンにはしばしば歩行者の渋滞が起きるほどだ。

この道の終点から階段を登れば、展望台のある権現山❺だ。山頂は広いので、レジャーシートが大活躍するはず。展望台からは大山方面、箱根方面の展望がよく、ここまで弁当を広げるのを我慢しただけのことはあると感じるだろう。遅めのランタイムになってしまうが、それだけの満足感が得られる。

下山は木の階段を下って車道を横切り、遊歩道を登っていく。登りきったところがコース最後のピークとなる浅間山❻だ。ここから先は、さらに雑木林をジグザグに下っていく。下りきると秦野側から始まる弘法山登山口❼。

ここから秦野駅❽までは20分ほどの道のりだが、交通量が多い幹線道路。くれぐれも事故に気をつけよう。グループの場合、縦1列になって歩くように。

④立派な弘法山の山頂標識。隣りにあるのが大師ゆかりの鐘楼。山頂は広くサクラの季節と紅葉期が最も登山者が多いが、平日は地元の人たちの散策コースになっている。⑤吾妻山から弘法山に向かう登山道。緑に囲まれ気持ちがいい。⑥山頂の端に建つ釈迦堂。この前も休憩スペースになる。⑦弘法山馬場道に咲くサクラ。この季節と紅葉期がおすすめだが、サクラの頃は首都圏から多くの人が訪れている

💧 **水場**	弘法山に水道がある。また、途中に清涼飲料水の販売機もあるが、歩き始める前に揃えておくことは例え低山歩きでも登山の鉄則。	
🚻 **トイレ**	鶴巻温泉駅、弘法山の馬場道、秦野駅、にある。	

●問合せ先
秦野市観光協会 ☎0463-82-8833

弘法の里湯

鶴巻温泉駅近くにある日帰り温泉施設。●入浴料　大人平日2時間800円、土曜・日曜・休日2時間1000円　営業時間：10時〜21時　休館日：月曜日（祝日の場合は翌平日）

丹沢

弘法山

丹沢

12 表丹沢の稜線を眺めながら山里を歩く

初 級

標高	303m（頭高山）
歩行時間	3時間45分
最大標高差	150m
体力度	★★☆
技術度	★☆☆

渋沢丘陵
しぶさわきゅうりょう

1/2.5万地形図　秦野

登山適期とコースの魅力

	1月	2月	3月	4月	5月	6月	7月	8月	9月	10月	11月	12月
		ウメ			サクラ			アジサイ				紅葉
				菜の花								
				オキナグサ								

展望 広がりのある丹沢の山容を眺めながら、牧歌的な雰囲気に包まれる山里を歩く。
花 サクラのシーズンなら菜の花畑を同時に楽しむこともできる。
紅葉 震生湖は紅葉でも知られる場所。例年11月下旬～12月中旬が見頃。

春 田園風景が広がるなかにハイキングコースが造られている。沿道には菜の花や梅の花が咲く。
夏 盛夏は暑さを感じるが、晴天だと夏色に染まる丹沢山塊が目の前に広がる。
秋 震生湖の紅葉は一見の価値がある。
冬 風のない晴天日なら心地よく歩くことができる。

大きな鳥居が印象的な白笹稲荷神社

アクセス

新宿駅 → 小田急小田原線快速急行 1時間4分 700円 → 秦野駅 → 3時間45分 → 渋沢駅 → 小田急小田原線快速急行 1時間12分 700円 → 新宿駅

東京方面からなら、新宿駅が始点となる小田急線を利用するのが最も早い。快速急行だと新宿駅～秦野駅は1時間4分。帰路は小田急線の秦野駅より1駅小田原寄りの渋沢駅からになる。小田急線は代々木上原駅で千代田線、下北沢駅で京王井の頭線、登戸駅でJR南武線、町田駅でJR横浜線、海老名駅で相鉄線に接続している。

 ### 住宅街を抜けて震生湖を目指す

左：渋沢駅から眺める4月の富士山。ここからでも大きく見える。右：震生湖の先で畑沿いに歩く箇所がある

　小田急線の1駅間を歩くお手頃散策。通年歩けるのが特徴といえる。
　スタートは<mark>秦野駅❶</mark>の南口。駅前を進んで、突き当りを左へ。最初の信号で右に入ると今泉名水桜公園の看板があるので、それに従う。池を中心に庭園風に整備された静かな公園だ。
　ここを抜けたところに震生湖への道標が立っている。それに従って住宅街を歩く。右左折を繰り返して進むが、交差点や建物の塀などに道標がつけられているので、それに従えばいい。
　<mark>南小学校❷</mark>前の信号を過ぎてしばらく行く

と白笹稲荷神社が見えてくる。赤く大きな鳥居が目印だ。
　ここは関東三大稲荷に数えられており、さまざまな行事が行われている。拝殿天井絵の竜神、風水四神、宝尽くしの図は神々しい。時間があれば、ぜひ立ち寄ってみたいスポットだ。
　白笹稲荷神社を出て先に進むと車道を渡る。登り勾配の道を進むと大きく右に曲がり、畑

頭高山山頂。丹沢の山並みが一望できる。1日いても飽きることのない展望が広がる。ここでゆっくりしよう

が広がるエリアに入る。しばらく進むと展望が開けてくる。とくに丹沢山塊の前衛峰、大山の姿が印象に残る。

太公望が憧れる震生湖で、ひと時のんびりしよう

広がりのあるロケーションを満喫しながら先に進む。迷子にならないように震生湖への道標が要所に立てられているので、安心して歩けばいい。

震生湖❸入口の看板で左へ。わずかに下った場所に湖がある。平日でも多くの人が釣り糸を垂らしている。3時間800円ほどで釣りが楽しめる。ブラックバスやブルーギル、コイなどが釣れるようだ。湖の周りは歩くことができるので、湖を眺めながら気に入った場所で休憩するといい。

また、震生湖は野鳥が多いことでも知られており、バードウオッチャーの姿も多い。可愛らしい鳥たちの姿にも癒されるはずだ。

震生湖は1923（大正12）年の関東大震災の地震動により、付近の丘陵が200mに渡って崩落して形成されたものだ。

牧歌的な雰囲気が楽しい丘陵地帯を歩く

震生湖から歩いてきた道を戻り、車道を左へ行く。震生湖バス停の先に右に入る小道がある。角に渋沢丘陵1kmの道標があるので、わかるはずだ。ここを進む。のどかな田園地帯で気持ちがいい。思いきり深呼吸したくなる気分だ。以前はこのあたりに牛舎があり、のんびり草を食む牛たちの姿を観ることができたのだが、現在は牛舎も牛の姿もない。

飽きることのない牧歌的なロケーションが広がっている。渋沢丘陵チェックポイント❹を過ぎる。右に見えているのは丹沢山塊。手前には秦野や渋沢の住宅街が広がっている。大きな展望を楽しみながら、意識してのんびりと歩こう。

里山歩きの気分が最後まで続く楽しい縦走路

　相変わらず大きな展望が広がる道を進んで行く。ここを歩いていて気がつくのは、平日でも人が歩いていること。それだけ、地元の人にも愛されているエリアということだ。秦野や渋沢なら都内の会社に勤務している人でも通勤圏になる。平日は仕事に精を出し、休日には渋沢丘陵を歩いたり、大山や弘法山に登ったりする人が多く住むエリアのようだ。

　のんびりした道をさらに進むと鉄塔下を過ぎて、未舗装の農道のような道になる。どうやらこのあたりが渋沢丘陵の中心のようだ。畑の広がりにどこか懐かしさを感じることができる。畑と畑の間にはきれいな雑木林が広がっている。

　里山気分を味わいながら歩いて行くと舗装道路に変わる。このあたりが**小原分岐❺**だ。さらに時おりクルマが通る道を進む。右に丹沢の山並みを眺めながらの開放的な歩きだ。

　10分ほどで**栃窪分岐❻**。小さな道標が立っているので、それに従い頭高山方面へ。**頭高山分岐❼**を過ぎると、右に下る道が分岐する。下山時に渋沢駅まで歩く道だ。ここを直進すると標高303mの**頭高山❽**山頂に到着する。広く開放的な頂きで北側には丹沢山塊が眺められる。ここでランチを食べながら、展望を楽しむのもいい。

　下山は往路をわずかに戻り、左に下る道に入る。すぐに**車道出合❾**だ。ここから**渋沢駅❿**までは40分。駅までは道標に従えばいい。

①渋沢丘陵から眺める丹沢山塊。穏やかな山塊がよくわかるが、とくにピラミダルな大山の姿が印象に残る。②頭高山下、白山神社付近の花畑（4月下旬）。③渋沢丘陵の道。畑が広がるのどかな里山を歩く雰囲気が心地いい。④頭高山からの下り道で出会う道祖神。歩く人たちを見守ってくれているようだ

 水場　秦野駅前にコンビニが3店ほどあるので、飲料水を含めて必要な物は揃う。
 トイレ　秦野駅、渋沢駅、震生湖にある。

●問合せ先
秦野市役所観光振興課 ☎0463-82-9648

震生湖 (しんせいこ)

1923年、大正12年9月1日に起きた関東大震災で地面が陥没して誕生した湖。市民の憩いの場所として人気がある。また、ブラックバス、ヘラブナなどの釣場としても知られている。

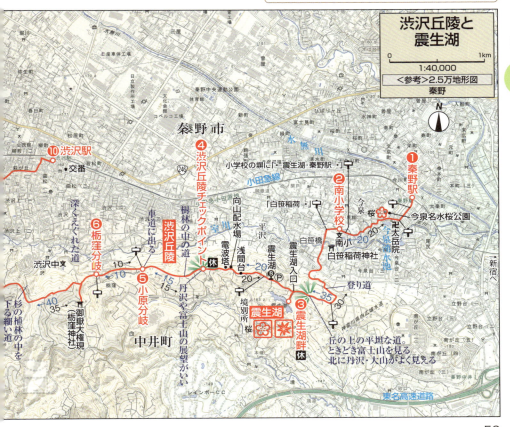

箱根

13 太閤秀吉ゆかりの山に登る

石垣山(いしがきやま)

標高	262m
歩行時間	2時間40分
最大標高差	228m
体力度	★☆☆
技術度	★☆☆

初級

1/2.5万地形図: 関本、小田原北部、箱根、小田原南部

登山適期とコースの魅力

| 1月 | 2月 | 3月 | 4月 | 5月 | 6月 | 7月 | 8月 | 9月 | 10月 | 11月 | 12月 |
シャガ
ハルサザンカ
枝垂れザクラ

展望 石垣山からは小田原市街や小田原城、相模湾を一望することができる。

花 石垣山で最も多く見ることができるのはシャガ。アヤメに似た花で4月〜5月にかけて咲く。

紅葉 11月中旬過ぎくらいに見頃を迎える。この時期に訪れる人が多い。

春 4月上旬くらいがサクラの見頃。休日になると多くの家族連れの姿を見る。

夏 夏休みを利用して全国からたくさんの歴史ファンが訪れている。

秋 紅葉の頃は近隣の人が家族連れで訪れる。

冬 積雪がなければ歩くことができる。

石丁場で発見された加工跡が残る石

60

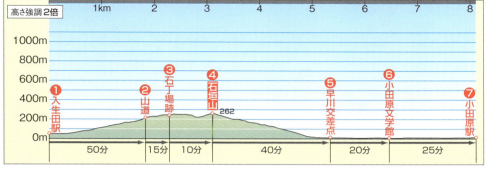

コースガイド
歴史のある城跡を見物する山歩き。一夜城から小田原城址を俯瞰して秀吉の気分に浸る

箱根登山鉄道の箱根湯本駅の一つ手前、入生田駅❶がスタート地点になる。石垣山は入生田駅から小田原方面へ進んで、ガードをくぐり国道1号に出る道を渡って左に進むと陸橋が見えてくる。この陸橋を渡ると目の前に早川に架かる古い橋が見える。橋の名前は太閤橋。豊臣秀吉にちなんだ橋だ。

橋を渡って舗装道を登る。しばらく進むと「運び出そうとした石垣用石材」と書かれた説明看板とともに、加工跡が残る大岩が置かれている。17世紀前半に早川石丁場群関白沢支群から江戸へ運び出そうとした石垣用の石材だったと考えられてい

左：こぢんまりとした入生田駅。観光客が下車することはほとんどないようだ。取材時の日曜日でも筆者一人だった。右：秀吉ゆかりの橋と伝わる太閤橋

①石垣山一夜城跡から眺める小田原市街地と相模湾。現在とは異なるが、秀吉が眺めた景色だ。どういう思いでこの景色眺めていたのだろう。小田原城も見えている。②石垣山の一夜城。現在はきれいに整備され公園になっている。③公園には当時の様子が書かれた説明看板が立てられている。④一夜城公園前にあるヨロイヅカファーム。有名なレストランだ。休日には首都圏のみならず、関西方面からもその味を求めて多くの人が訪れている。⑤静かな小田原文学館。ここで文学の世界に浸るのもいい。⑥小田原城。堀端を歩いて小田原駅に向かう。⑦この看板の下が石丁場だ。休日には全国から多くの歴史ファンが訪れている。一度は訪れてみたい貴重な歴史遺産だ

る。どうやって運んだのだろうなどと考えていると、道路の崖面から大きな岩が飛び出していることに気がつく。これは安山岩だ。こうした岩を使って石垣山の一夜城が造られたと考えられている。少しだけ山道❷を歩く。

石丁場跡から
石垣山へ

側道を歩くようになるとターンパイクを越えるのだが、その手前に石丁場跡❸がある。17世紀初頭に江戸城の石垣用の石材を切り出して加工した場所だ。側道に看板があるので、それに従って階段を下り道路をくぐる。近年に発見されたらしいが、加工された石材は風化せず現存していることに驚かされる。今にも職人が現れて作業を始めそうな雰囲気だ。とても400年以上前のものとは思えない。時間の許す限りじっくり見学しよう。

石垣山に続く道に戻って登っていくといつしか農道のような道になり、相模湾が見えてくる。その先に建つのがヨロイヅカファーム。知る人ぞ知る超有名レストランだ。ここの前が石垣山の入口になる。

石垣山❹は公園風に整備され、一夜城歴史公園として開放されている。秀吉が小田原の北条氏を攻めた時に築いた城だ。一夜で築いたように見せかけたが、実際には80日間が費やされたらしい。

公園内の整備された道を進めば二の丸跡から本丸跡はすぐ。

小田原市街を眼下に
眺めながら小田原駅へ

一夜城歴史公園から車道を小田原方面へ下る。周囲にはミカン畑が広がり、前方には小田原市街や小田原城、相模湾が展望できる。

高度が下がってくると早川交差点❺に出る。早川駅から帰ってもいいが、まだ歩けるようなら小田原駅まで行ってみよう。早川橋を渡って、閑静な住宅街を歩くと小田原文学館❻

がある。小田原にゆかりのある文豪たちの作品や資料が展示されている。洒落た建物は明治維新の立役者のひとり田中光顕の別邸だったものだ。

小田原文学館から小田原城へ行く。多くの観光客で混雑する所。ここは北条氏の居城として知られた場所。城内に入らなくても堀端を歩くだけでも気持ちがいい。みやげ物店や飲食店が並んでいる。歩き疲れていたら、気になる店に入って食事をしたり、お茶を飲んだりしながら小田原駅❼に行こう。

小田原駅から東京方面へ帰るなら、小田急線のほか、新幹線やJR東海道本線などが利用できる。確実に座席を確保したいなら、小田急線のロマンスカーがおすすめ。

 水場 登山途中に水場はないが、石垣山の公園に水道がある。事前に駅やコンビニで購入しておくこと。入生田駅からのルート上に自販機は少ない。

 トイレ 小田原駅、入生田駅、石垣山にあるが、登山道にはない。

●問合せ先
小田原市観光協会 ☎0465-22-5002

石丁場（いしちょうば）

石丁場とは石を割ったり、加工したりする場所のことを示す。「御丁場」「丁場」「石場」ともいわれるようだ。伊豆半島では伝統的にこうした場所のことを「石丁場」と呼ぶようだ。鎌倉や静岡県の西伊豆町、松崎町などにも石丁場跡がある。

箱根

14 歩く人の少ない稜線から明星ヶ岳へ

明星ヶ岳
みょうじょうがたけ

初級

標高	924m
歩行時間	4時間25分
最大標高差	827m
体力度	★★☆
技術度	★☆☆

1/2.5万地形図　関本、箱根

登山適期とコースの魅力

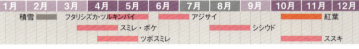

展望 稜線からは小田原方面が見える。目指す明星ヶ岳からの展望はない。
花 スミレやツルキンバイ、フタリシズカ、ホウチャクソウ、アズマギク、ツボスミレなどが咲く。
紅葉 登山口からすぐの地点にある阿弥陀寺の紅葉が美しい。稜線の紅葉は期待できない。

春 このシーズンが最も登山に適している。5月のこどもの日前後は家族連れが集中。
夏 夏休みを利用して、金時山や明神ヶ岳に登る人が多くなる。
秋 紅葉を愛でながら登山、散策ができる。
冬 多少の積雪でも登山可能。装備に注意しよう。

この木々に覆われた箇所が明星ヶ岳山頂

新宿駅から小田急線を利用する前提だが、東海道線や新幹線を利用して小田原駅で箱根登山鉄道に乗り換えることもできる。自宅から行きやすいルートを選択しよう。途中で通る阿弥陀寺はアジサイで知られる古刹。開花時期に訪れるならぜひ鑑賞しよう。登山道沿いに店はないので、買い忘れた物は箱根湯本駅周辺の商店で購入してから出発するようにしよう。

コースガイド 箱根湯本駅から歩いて行くことができる塔ノ峰に登ってみよう

　箱根登山鉄道の**箱根湯本駅**❶が起点になる。駅を出たら箱根登山鉄道の線路をくぐる。すぐに登り勾配の道になる。箱根北原ミュージアムを過ぎる頃には、勾配がきつくなる。振り返ると、箱根湯本の町並みが眼下に広がる。フォレストアドベンチャー・箱根を過ぎると、塔ノ沢駅方面と阿弥陀寺、塔ノ峰方面との分岐に着く。

　ここまででかなりのカロリーを消費したようだ。分岐でしばらく休憩する。息が整ったら**阿弥陀寺**❷へ向かう。道なりに登るのだが勾配が少し辛い。ジグザグの道を進む。大きなスギの

左：荘厳な造りの阿弥陀寺。箱根を代表する古刹で、多くの信者がいる。静かで落ち着ける場所だ。右：阿弥陀寺から塔ノ峰に向かう登山道。多少、藪が濃い

65

①塔ノ峰山頂。小広い頂きだが展望を得ることはできない。立ち休みをしたら出発。②塔ノ峰から林道に下りてここから明星ヶ岳を目指す。③草、木に覆われ意外に深い明星ヶ岳への縦走路。下刈りされていれば爽快だ。④塔ノ峰分岐に立つ道標。⑤ハコネダケに覆われた明星ヶ岳への登山道

木が沿道に現れ、道端に地蔵の姿を見つけると**阿弥陀寺❷**が見えてくる。ここに寄ってみよう。ほんのひと息で本堂に出る。ここは弾誓上人が開いた箱根の古刹。上人が修行したといわれる岩屋が寺の裏にある。登山の無事を祈願したら、本堂の右手に回る。塔ノ峰の道標に従って登山道に入ろう。

　始めは岩がゴロゴロと転がる竹林を登る。状況によっては倒れた竹と岩が絡んでいることもあるので注意が必要だ。岩は苔むしている物が多い。ここをほぼ直登。5分ほどで抜けると、石の階段を登るようになる。勾配がきついので気をつけながらクリアする。とくに雨上がりは滑るので要注意。登山道が土に変わるとヒノキ林に入る。勾配が若干落ち着いてくると、塔ノ峰まで15分の道標が現れる。直線的な登山道を詰めれば**塔ノ峰❸**山頂だ。

樹林帯を登って明星ヶ岳を目指す

　塔ノ峰山頂は小広いが、直射日光も展望も期待できない。山頂から北東に向かう登山道があるが、すぐに荒れた林道になってしまう。明星ヶ岳は左に下る登山道を歩く。

　明るい斜面に造られた階段状の道を10分ほど進むと林道に下り立つ。ここから林道を左へ進み、明星ヶ岳登山口へ行く。舗装された林道は歩きやすく快適だ。ただし、ここは自動車も通る道なので注意しよう。途中で左下に湯本付近の町並みが見える。塔ノ峰分岐から20分で**明星ヶ岳登山口❹**だ。

　階段を登って山道に入る。最初は直線的な登り。防火帯のように広い道だが、季節によっては下刈りされていない時もあるので、夏でも長ズボンを着用しよう。草木がなければ二子山や神山が展望できる。

　40分ほど登ると勾配は緩み、歩きやすい道になる。天気がよければ富士山を眺めることもできる。大きな岩を越えると後方に相模

⑥明星ヶ岳手前の登山道。屹立する大木の下に登山道が造られている。⑦箱根大文字焼が行われる斜面から眺める箱根の町並みと駒ヶ岳。⑧箱根大文字焼が行われる場所。「大」の文字が焼けた跡が見られる。⑨登山道脇に安置された剣を持つ石仏。登山者の安全を見守っているようだ。⑩登山道を彩るアザミの花

湾が広がり、明星ヶ岳⑤に到着する。

　明星ヶ岳は尾根上にある。そのため、小さな祠と山頂標識がないと通り過ぎてしまいそうだ。尾根は広いのでどこでも休憩できる。

明星ヶ岳から強羅駅に下山する

　明星ヶ岳は、毎年夏に開催される大文字焼⑥が行われる山。強羅方面に下り始める右手にその場所がある。立ち寄ってみると、その跡を確認することができる。この場所は展望がよく、大涌谷から箱根外輪山が展望でき、日当たりにも恵まれている。明星ヶ岳山頂よりも、ここで休憩したほうが楽しい。

　ここから樹林帯を下る。粘土質の土のため滑らないように歩幅を狭くして歩くことを心がけよう。

　途中から送電線の鉄塔に沿ってジグザグに下るようになる。南斜面の樹林帯は暑く、夏場ならたっぷり汗を絞られるはずなので、着替えのシャツを持参するといい。

　大文字焼が行われる場所から40分ほどで登山口⑦に下り立つ。ここでちょっと休憩する。強羅駅まで舗装道路を大きく下って登り返さなくてはならないからだ。

　登山口からは舗装道路を下っていく。かなりの急勾配なので慎重に行動する。コースの最後になって怪我でもしたら、泣くに泣けない。正面に見える二子山の雄姿に元気を取り戻し、なお続く坂道を下っていく。

　老人ホームの前で右手に折れ、そこからは直進して宮城野橋を目指す。橋を渡った後、すぐの小道に入る。左に長い階段があるので、そこを登って、強羅駅⑧へ行く。

水場　コース上に水場はない。自販機なども箱根湯本駅付近を離れると強羅駅近辺までないので覚悟しておこう。さらにエスケープルートもないので要注意。

トイレ　箱根湯本駅と阿弥陀寺、強羅駅にある。

●問合せ先
箱根町総合観光案内所 ☎0460-85-5700

箱根

15 箱根登山鉄道で行く落ち着いた縦走路

浅間山
せんげんやま

初級

標高	834m（鷹巣山）
歩行時間	2時間40分
最大標高差	434m
体力度	★☆☆
技術度	★☆☆

1/2.5万地形図　箱根

登山適期とコースの魅力

	1月	2月	3月	4月	5月	6月	7月	8月	9月	10月	11月	12月
		アブラチャン			桜		アジサイ コアジサイ ヤマボウシ				マユミの実	紅葉

展望 芝生のような広場を持つ浅間山山頂。上空が開け解放感にあふれている。グループ向き。
花 花の山ではないが、春〜初夏だとルート上で小さな花たちが出迎えてくれる。
紅葉 ここで紹介するルートは紅葉期にもおすすめ。途中で通る滝とのコントラストが美しい。

春　少し寒さを感じるが3月後半からが登山向き。
夏　コース上のふたつの滝を求めて多くの登山者が訪れている。暑さを感じることが多いので小まめに水分補給をしよう。
秋　紅葉登山にも向いたコース。
冬　雪のない晴天日なら問題なく歩けるはず。

下山時に歩く国道1号線のあさひ橋

アクセス

 新宿駅
 小田急小田原線急行　1時間30分　910円
小田原駅
箱根登山鉄道　1時間　710円
 小涌谷駅
2時間40分
畑宿バス停
箱根登山バス　30分　410円
箱根湯本駅
箱根登山鉄道　15分　360円
小田原駅
 小田急小田原線急行　1時間30分　910円
新宿駅

小田急小田原線急行で小田原駅へ。ここで箱根登山鉄道に乗り換える。箱根湯本駅でさらに乗り換えて小涌谷駅へ。

ここからスタートする。小田原駅まで東海道本線や新幹線を使うこともできる。東海道本線の各駅停車にはグリーン車が連結されており、快適。suicaで事前に購入するとお得になる。

コースガイド　気品のある千条ノ滝から明るく広い道を進む

　小田原駅から箱根登山電車で、街道時代から難所として知られた箱根の山中に分け入り、**小涌谷駅❶**で下車。駅舎を出たら国道1号線を渡り、浅間山の道標に従う。住宅街に延びる道で静かで落ち着いている。近隣の人たちの迷惑にならないように静かに進む。勾配が出てくると道が分岐する。ここは千条ノ滝方面へ進む。天気のいい休日なら多くの観光客と一緒に歩くことになるが、列を乱さないようにゆっくり進もう。
　道が砂利道になると正面の岩肌に幾筋もの水が流れ落ちる滝が見えてくる。これが千条ノ滝だ。苔むした岩肌を伝い落ちる姿は優美

左：そこはかとなく温泉の香りが漂う小涌谷温泉入口。温泉情緒豊かなエリアだ。右：千条ノ滝・浅間山への道標に導かれるようにして未舗装の道を進む

で清々しい。観光客に混じり、記念撮影しよう。ベンチでしばらく鑑賞したら、蛇骨川を渡り、山道に入る。ここまではスニーカーで大丈夫だが、ここから先は登山靴が必要となるので、出かける時に迷わないこと。
　鷹巣山への分岐❷は左へ。ヒノキ林に延びるジグザグの登山道の脇に、ササが目立ち始めると道は平坦になる。**宮ノ下分岐❸**は箱根登山鉄道の宮ノ下駅から登ってくる道が合流

①優雅に落ちる千条ノ滝（ちすじのたき）を眺めながら、時を忘れる。②山道はあちらこちらで中央が削られ低くなった箇所がある。雨上がりは濡れているので要注意。③浅間山山頂近くは登山道が安定する。④広い浅間山山頂。後方に駒ヶ岳（左）と神山（右）が見える

する地点。浅間山先の大平台分岐から、左に下る道は大平台駅へと繋がっている。万一の時のエスケープルートになるので、覚えておくといい。

浅間山山頂から湯坂路といわれる道を下る

　浅間山④山頂は細長く広い。湯坂山寄りと千条ノ滝寄りにそれぞれベンチが設置されているが、山頂一帯は草地でどこでもランチポイントになる。ただし、日よけ対策は考えたほうがいいかもしれない。豪華なお弁当でなく、例えカップ麺でも美味しく思えるから不思議だ。食後は昼寝を楽しみたい。湯坂山寄りのベンチ前で振り返ると神山方面が見えている。のんびりした時間を過ごしたら、湯坂路を歩き始める。

　平安時代以前の東海道は箱根山の西、御殿場から足柄峠を越えるルートだったが、延暦21（802）年の富士山の噴火により閉ざされたため、新たに開かれたのが湯坂路だという。それにしても現在の湯坂路は1200年も前から歩かれていたということに驚かされる。今更ながら、次に歩く時にはそうした歴史を感じながら歩いてみることにしよう。

明るい尾根道を下って箱根湯本駅へ

　浅間山から、防火用水置場になっている大平台分岐⑤を過ぎ、開放的な道を下るが、雨上がの日は歩きにくいので、晴天が続いた時に訪れよう。

　浅間山から30分くらいで、周囲はカエデやハコネダケが目立つようになる。日当たりが悪くなるとヒノキの植林地に入る。木の根が土から露出した箇所も多くなるので、踏まないように注意したい。

　湯坂山⑥には山頂標識がないようだ。その代わりに箱根湯本のへの道標が立っている。下山ルートはどこでも休憩ポイントになるの

で、時間が許すなら気に入った場所を見つけて、休憩を繰り返しながら進むことをおすすめする。

　湯坂山からなだらかな道を下って行くと30分ほどで湯坂城址❼に到着する。現在はその説明看板があるだけだが、よく観察すると空濠らしき跡があるらしい。ここは小田原城の出城として造られた。今から600年ほど前のことだ。石畳が敷かれているが滑るので注意しながら下り、石の階段を下れば国道1号線に下りることができる。

　ここから箱根湯本駅❽までは国道を歩く。駅周辺にはみやげ物店や食堂、喫茶店などがあるのでひと休み。箱根湯本駅からは快速急行のほか、特急電車もある。発車時刻を確認してから箱根湯本駅周辺を散策しよう。

春から夏にかけての早川。水の流れが心地いい

⑤ゆったりとした歩きが楽しめる浅間山からの稜線の道。⑥樹林帯を抜けて浅間山に向かう。⑦湯坂路（鎌倉古道）の道標。⑧箱根湯本駅前

70

登山道で見かけた踊っているような木

湯本駅近くを流れる早川

水場 コース上に有名な滝はあるが、水場はない。山中に入ると自販機などはないので、事前に必要な物（水や食料）は用意しておくこと。

トイレ 小涌谷駅の次は箱根湯本駅までない。

●問合せ先
箱根町総合観光案内所 ☎0460-85-5700

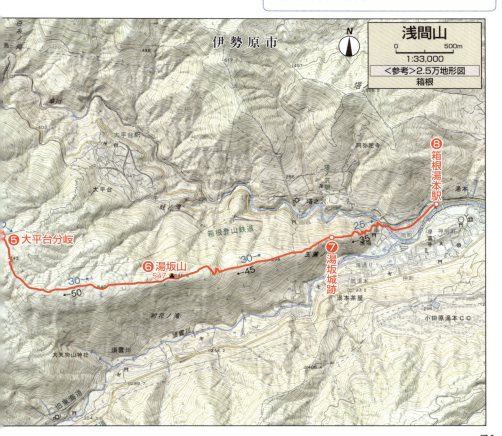

箱根 浅間山

71

丹沢

16 低山ながら展望に恵まれた山

初・中級

標高	723m
歩行時間	3時間40分
最大標高差	550m
体力度	★★☆
技術度	★☆☆

1/2.5万地形図　山北

大野山
おおのやま

登山適期とコースの魅力

1月	2月	3月	4月	5月	6月	7月	8月	9月	10月	11月	12月
積雪			ヤマザクラ・ソメイヨシノ ヤマブキ オオイヌノフグリ							紅葉	

展望　山頂から眺める富士山の姿が印象的。広い草地の山頂から眺める丹沢主脈も迫力がある。
花　4月中旬から咲く山頂付近のヤマザクラ、麓のソメイヨシノが印象に残る。
紅葉　樹木に囲まれた登山道の紅葉は美しい。山頂付近はススキ。丹沢主脈の紅葉が美しい。

春　最も登山に適しているのが4月〜5月の晴天日。谷峨駅には早朝から多くの登山者が訪れる。
夏　盛夏の登山は不向き。大量に汗を絞られる。
秋　紅葉時は落ち着いた色合いに全山が染まる。
冬　空気が乾燥した晴天日なら富士山が拝める。ただし、積雪情報を正確に把握すること。

山頂に乗った箇所から眺める富士山

アクセス

新宿駅 → 小田急小田原線快速急行 1時間15分 800円 → 新松田駅 → 5分 → 松田駅 → JR御殿場線 15分 200円 → 谷峨駅 → 3時間40分 → 大野山入口バス停 → 富士急モビリティバス 20分 540円 → 新松田駅 → 小田急小田原線快速急行 1時間15分 800円 → 新宿駅

松田駅から谷峨駅に向かうJR御殿場線の本数は少ないので、事前に発車時刻を調べておくことが大切。時間をロスしないためにも出発前に確認すること。この山域はとくに春に混む。休日に訪れる予定なら登山者が多いということを覚えておくこと。とくにグループ登山客が多いので、ソロ登山者には自分のペースが守れないことがある。

 スタート地点は御殿場線の小さな無人駅

スタート地点はJR御殿場線の谷峨駅（やがえき）❶。無人の改札を抜けて、広い駅舎前の広場で軽く準備体操をする。休日の早朝ならハイカーの姿しか見ることのできない駅なので、あまり遠慮する必要はないようだ。

駅前の道を進むと、すぐに線路を渡る橋が見えてくる。そこを進み、開放的で持ちのいい田園地帯を歩く。天気のいい休日には自分の前後にも登山者がいるはずだ。彼らと歩調を合わせて歩いたほうが疲れにくいだろう。快晴なら富士山が見えるはずだ。青い吊り橋を渡り、舗装された道を行く。少しずつ勾配が増してくるが、疲れるほどではない。

左：まるで高原に建つペンションのような谷峨駅。駅前でストレッチしてからスタート。右：谷峨駅から広い道を進む

登山道はほぼ道なりだが、道標の数は多く迷うことはない

①山頂広場。きれいに整備された草地なのでここでランチを広げるといい。富士山がきれいだ。②木漏れ日が心地いい登山道。③登山道にあるトイレ。隣に休憩スペースがある。④山頂に建つ山頂標識。⑤下山道。舗装された道を歩く箇所も多いので、意外に疲れにくい

登山道は簡易舗装されているので勾配があっても歩きやすいはずだ。大野山ハイキングコースの登山口が現れたら、そこを進む。すぐに簡易舗装道から山道になる。しばらく登ると動物避けの金網が張られたエリアに入る。扉があるので、開けたら必ず閉めること。後続者との距離がそれほど近くなければ閉めたほうがいい。高度が上がってくると富士山がさらにはっきり見えるようになる。

樹林帯を軽くアップダウンしながら進む。その先で簡易舗装された道になる。公園を歩いているようだ。目の前に大きな木が見えてくる。これが**都夫良野頼朝桜**❷だ。山北町の天然記念物に指定された大木だ。近くに休憩舎とトイレがあるので、ひと休みするといい。

直線的に延びる山道を
ゆっくり登る

この山道は初心者に優しく造られ、勾配のある箇所や荒れた箇所には階段が造られている。舗装された林道を横切ると動物避けの柵があるので、そこを抜ける。柵の扉は必ず閉めること。緑が濃いエリアだ。木々の隙間から富士山が眺められる。初夏前なら雪を被った姿を拝むことができるはずだ。写真を撮るなら、後続の人たちに配慮すること。立ち休みを繰り返して登るようになるが、富士山に励まされているようで力が出る。

正面に牧場のような柵が現れたら、大野山の山頂端に到着したと思っていい。ここからは柵沿いに進む。富士山を眺めながらの散歩気分で歩くことができる。ゆっくり歩いても15分ほどで**大野山**❹の山頂に到着する。

時間の許す限り
山頂でのんびりしよう

大野山は神奈川県立丹沢大山公園に属する山。以前、山頂一帯は牧場として利用されていたことがあるため、広々とした草原になっている。そのため遮る物がなく、富士山の展望を楽しんだり、お弁当を広げてゆっくりできるスペースがある。とくに好天なら富士山

⑥山頂からは階段状に造られた道を下る。緩やかな下り勾配なので気持ちよく歩くことができるはず。⑦歩きやすい下山道から山に入る。山北駅まで1時間20分の道標が立っている。⑧ここで山道は終わり、舗装された道を下ることになる。⑨大野山の麓に建つ小学校。昔と変わらない佇まいに心がやすらぐ

や丹沢の山並みに心を惹かれる。ここでの過ごし方はゆっくりランチを食べながら、ロケーションを楽しむこと。また、草地に寝そべって昼寝を楽しむ人も多い。とにかく明るく展望のいい山頂なので、思い思いに過ごせばいい。

下山は麓の
大野山入口バス停へ

　たっぷりと大野山を楽しんだら下山にかかる。登山者によっては往路を戻る人も多いが、ここでは山北駅方面に下る設定をした。トイレを利用し、山頂から見える富士山に別れを告げて出発。

　山頂から山北駅方面の道標に従って、舗装された道を下る。すぐに階段状の道になるが整備されているので、一定のリズムで下ることができる。ただし、先行者を追い抜くのは危険。幅が狭いからだ。東京スカイツリーと同じ高さの標高643mの地点にウサギの木彫り彫刻が置かれている。

　ここを過ぎてしばらく下ると樹林帯に入る。木漏れ日が心地いい箇所だ。極端に道幅が狭くなるので、すれ違いには注意を要する。ここでも追い越しは危険。

　ブタの可愛らしい木彫りが置かれた地点が**地蔵岩**❺。大野山ハイキングコース地蔵岩ル

ートの看板が立っている。道は完全な舗装道になり、共和小学校前を通過し、**大野山入口バス停**❼に出る。ここから新松田駅までバスを利用してもいいが、本数が少ないので発車時刻は調べておこう。

　このバス停から山北駅までは歩いても25分程度。疲れていないようならのんびりと山北駅まで歩いてみよう。

大野山山頂からの富士山展望

大野山山頂から眺める富士山はおおらかで、左右の裾野まで見えるため、この展望目当ての人も多いようだ。

山頂は広く、どこからでも雄大な展望を楽しむことができる。また、丹沢山塊の迫力のある姿も印象に残る。

💧 **水場**　コース上に上質な水場はない。そのため事前に用意する必要があるが、谷峨駅前に商店はない。必要な物は新松田駅前のコンビニを利用しよう。

🚻 **トイレ**　谷峨駅前、都夫良野頼朝桜、大野山山頂にある。

●問合せ先
山北町役場商工観光課　☎0465-75-3646
富士急モビリティ湘南営業所　☎0465-82-1361

丹沢

17 伊豆半島が本州に衝突した断層が残る山

初級

標高	928m
歩行時間	5時間30分
最大標高差	636m
体力度	★★☆
技術度	★☆☆

不老山
ふろうさん

1/2.5万地形図　駿河小山、山北

登山適期とコースの魅力

	1月	2月	3月	4月	5月	6月	7月	8月	9月	10月	11月	12月
	積雪			アセビ							紅葉	
					スミレ	サンショウバラ(ハコネバラ)				ヤマトリカブト		

展望 紹介する金時公園から登るコースは富士山の展望に優れている。
花 絶滅が危惧されているサンショウバラ(ハコネバラ)を観察することができる山。
紅葉 落葉紅葉樹がトンネルのように続く。その紅葉した木々の間から冬化粧の富士山が見える。

春 新緑の頃が最も登山者が多い。とくに晴天日なら山頂は多くの登山者で埋め尽くされる。
夏 4月中旬〜6月の梅雨前までが登山向きの季節で、盛夏はたっぷり汗を絞られる。
秋 紅葉は10月下旬〜11月中旬がおすすめ。
冬 積雪情報を確認して、晴天日に挑戦しよう。

金太郎の小さな像が可愛らしい道標

アクセス

新宿駅 → 小田急小田原線快速急行 1時間15分 800円 → 新松田駅 → 5分 → 松田駅 → JR御殿場線 20分 240円 → 駿河小山駅 → 5時間15分 → 駿河小山駅 → JR御殿場線 20分 240円 → 松田駅 → 5分 → 新松田駅 → 小田急小田原線快速急行 1時間15分 800円 → 新宿駅

不老山へのルートは何本かあるが、駿河小山駅を起点にすると周回ルートが組める。オプションルートとして丹沢湖の南側、向河原バス停から山頂を目指すルートや三国山から明神山、湯船山、世附峠を経由して山頂に向かうコースがある。紹介したコースは周回だが、エスケープルートはない。下山時に生土山分岐では右に下ること。

金太郎伝説と富士山の展望で知られる山に登る

スタート地点は駿河小山駅❶。駅前の通りを進み、最初の信号で右折。そのままJR御殿場線の線路をくぐる。道が突き当たったら左へ。そのまま直進して小山町健康福祉会館の先で橋を渡る。その後、横断歩道を渡り交番の前を進む。商店が並ぶエリアで金時公園の看板に従って右へ。住宅街に延びる道に入ると、中野沢橋へ向かう道と金時公園に行く道が分岐する。ここで右の鋭角に曲がる道に入る。そのまま直進すれば金時公園❷だ。

公園の入口右側の簡易舗装の道を登ると、すぐに右に分岐がある。そこに入って山道を進む。「遊歩道」と書かれた看板が目印だ。

スタート地点になるJR駿河小山駅

歩き始めると富士山がものすごく近くに見える

76

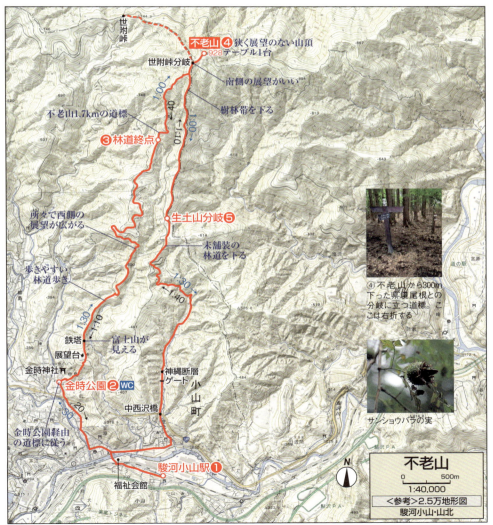

丹沢

不老山

①登山口に向かう途中にある金時公園。マサカリのモニュメントに目を惹かれる。②登山道の脇には鉄塔が建っている。その脇から富士山が見える。③実質的な登山口。④明るい登山道。⑤道標の上には金太郎像がつけられている

　左に展望台が見えたら、そこで不老山方面へ行く。すぐに平坦な道になる。しばらく進むと鉄塔が見えてくる。富士山の好展望地だ。

舗装道から整備された道を緩やかに登る

　富士山の眺めを楽しんだら、舗装された道に入る。このあたりは作業道も多く、一時それが登山道と併用になるようだ。不老山の道標が立つ地点で鋭角に曲がり、そのままきれいな道を進む。

　鉄塔を過ぎると砂利道になり、変則的な十字路に出る。ここが 林道終点❸ になる。ここで正面に延びる林道の右の道に入る。不老山まで1.7kmの道標が立つ場所だ。登山道をゆっくり詰めていく。右下には林道が見えているが、ここは歩くことができないようだ。

　そのまま道なりに登ると世附峠分岐に着く。登ってきた南側の展望が開ける場所。ひと息入れたら、なだらかな道を直進する。歩きやすい平坦な道を進めば、わずかな時間で 不老山❹ 山頂に到着する。

　稜線上にある山頂は静寂に包まれ、テーブルは1台しかない。しかし、広いのでどこでも休憩、昼寝ポイントになる。訪れる人が少ないのもここの特徴の一つ。平日なら山そのものを独占できることが多い。

生土不老山林道を下って駿河小山駅へ

　下山は往路を途中まで戻る。登ってきた時には気づきづらいが、世附峠分岐点まで戻ると、富士山の展望がいいことに驚かされる。山頂から戻ってここでランチにしてもいいかもしれない。また、時間があればここから世附峠まで尾根道を歩いてみるのもいい。往復で1時間30分ほどだが、歩く人の少ない稜線歩きが楽しめる。眼下に広がる丹沢湖が印象に残るはずだ。

　世附峠分岐点から往路を少し下ると分岐がある。ここを左へ。気持ちのいい土の道を下ることになる。途中で林道のような道を横断

⑥不老山の山頂。あまり広くないが日当たりがいいので、ついつい眠くなる。⑦木々はまっすぐ伸びているものが多く、手入れされた山ということがわかる。⑧林道が登山道になっている箇所も随所にある。⑨緑が濃く日差しのいい山頂付近の登山道。⑩中西沢橋を渡り、住宅街を抜けて駿河小山駅に戻る

するが、基本的にまっすぐ下れば問題ない。また、木の枝につけられたテープを目印にするといい。開放的な下り道が続いている。木々の間から時々富士山が見えるので、立ち止まる回数が増えるかもしれない。晴天なら時間を気にせず、山遊びを楽しみながら下るようにしよう。

しかし、各所に傾斜が急な箇所もあるので、写真を撮影する時は必ず立ち止まるようにしよう。

落ち着いた里山の風情を楽しむ

生土山分岐❺で道が左右に分かれる。右の道に入ろう。すぐに登山道から林道になる。歩きやすい道だ。この山は訪れる人が意外に少ないため、休日でも往路、復路ともに他の登山者に会うことは少ない。これだけ開放的なコースなのに、もっとたくさんの人に登ってもらいたいと思う。

下る道は生土不老山林道というらしい。未舗装で下り一辺倒なので、休みながら下る。左に小さな滝を見て進む。途中に断層が露出した神縄断層という場所がある。ここを見学してゲートをくぐり駿河小山駅❶に戻る。

 水場　紹介コースに水場と呼べる箇所はない。事前に用意しておくこと。
 トイレ　新松田駅、松田駅、駿河小山駅、金時公園にある。

●問合せ先
山北町役場商工観光課　☎0465-75-3646
小山町役場観光スポーツ交流課　☎0550-76-6114

かんなわだんそう
神縄断層

神奈川県の松田町から山北町を通り、静岡県駿東郡小山町に至る断層。1500万年前、伊豆半島は現在の小笠原あたりにあった島で、それが北上して本州と衝突。その後も北上して丹沢山地を隆起させた。ここはその痕跡を物語る場所。

箱根

18 名瀑百選に名を連ねる滝から展望の山頂へ　初級

洒水の滝〜矢倉岳
しゃすいのたき　やぐらだけ

標高	870m（矢倉岳）
歩行時間	4時間50分
最大標高差	760m
体力度	★★☆
技術度	★☆☆
1/2.5万地形図	山北、関本

登山適期とコースの魅力

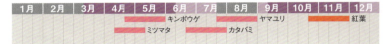

展望 矢倉岳山頂は草地で広く金時山方面の展望に優れている。
花 21世紀の森では季節に応じて、手入れされた花を楽しむことができる。
紅葉 21世紀の森では、色々な葉色が混ざったきれいな紅葉が楽しめる。

春 新緑が広がる神奈川県立21世紀の森。ここを歩くだけでも心地いい。レストハウスも併設。
夏 夏休みに入るとファミリーの姿が目立つ21世紀の森。親子で1日遊ぶことができる。
秋 この季節が最も登山に適している。
冬 乾燥した晴天日なら山頂からの展望がいい。

21世紀の森に立つ水源協定林のマップ

アクセス

新宿駅 → 小田急小田原線快速急行 1時間15分 800円 → 新松田駅 → 5分 → 松田駅 → JR御殿場線 10分 190円 → 山北駅 → 4時間50分 → 矢倉沢バス停 → 箱根登山バス 15分 350円 → 関本バス停 → 5分 → 大雄山駅 → 伊豆箱根鉄道大雄山線 20分 310円 → 小田原駅 → 小田急小田原線急行 1時間15分 910円 → 新宿駅

矢倉岳は展望自慢の山頂で金時山や富士山、相模湾などを展望することができる。途中の21世紀の森は神奈川県立の施設で、森林や林業について理解を深めることができる。園内は常に整備され、散策路が造られている。東屋やトイレ、休憩所、展望所、駐車場なども完備されているため、休日になると多くの家族連れでにぎわう。

 酷暑の夏にはありがたい滝へ

　レトロ感あふれるJR御殿場線**山北駅❶**に降り立ち、駅前の商店街を歩く。道なりに進むと体育館が見えてくるので、道標に従って左に曲がり、すぐに右の川沿いを目指す。車道に出たら左へ。右の奥にこれから向かう山並みが見えてくる。洒水の滝の道標に導かれるようにして県道を歩くと、洒水の滝の大きな看板が見える。この先が**平山❷**で右の小道に入る。すぐに滝への歩道が始まる。

　右に駐車場が見えたら、その前が21世紀の森へ通じる道との分岐点になる。**洒水の滝❸**へは直進すれば、5分ほどで到着する。観光ポイントとしても知られる滝は、3段に分

右：JR山北駅。ここが起点になる。解放感のある駅だ。
左：21世紀の森に向かう道。山道だが整備されている

「日本の滝百選」と「全国名水百選」に選定された名瀑の洒水の滝

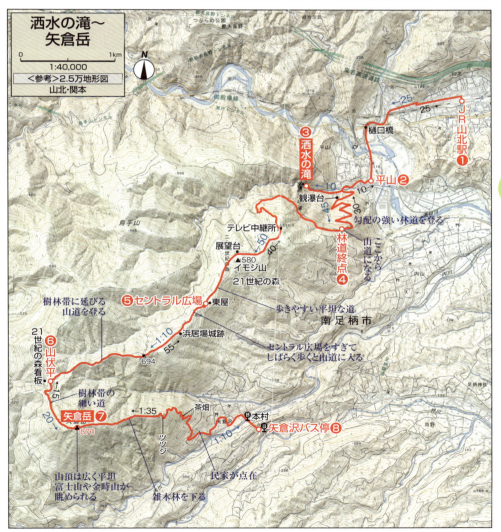

①日本の名瀑「洒水の滝」。季節を問わず多くの観光客が訪れている。②洒水の滝の水は指定された場所で汲むことができる。③整備された21世紀の森の散策路。休憩施設も完備されている。④21世紀の森ではいろいろな植物が栽培されている。ここはスギ採種園。⑤21世紀の森への道標

かれていて、合計の落差は114mもある。美しく、涼を感じさせる、見て損はない滝だ。

洒水の滝から先ほどの分岐まで戻り、そこを右へ。簡易舗装された林道をゆっくり登る。勾配がきついので、自分のペースを守って登ろう。高度が上がると、下方の緑のなかに洒水の滝が見える。すぐに**林道終点❹**だ。

21世紀の森の看板から直進する道は、途中が荒れているので、左に登る登山道からアプローチするといい。斜面を登ると短時間でテレビ塔下、さらに未舗装の道を森林館方面へ。

クロマツ採種園、スギ採種園を過ぎると舗装路になる。矢倉岳の道標に従って進むと、トイレが併設された休憩舎の前を通る。時間があれば、ここでランチにしてもいい。トイレも利用させてもらおう。

ここからわずかに進むと東屋が建てられた**セントラル広場❺**。ここまでは舗装された道だが、この先は未舗装の登山道になるので、少し休憩するといい。

セントラル広場から簡易舗装された道を登っていく。クルマの通行を防ぐためのクサリが張られているので、それを乗り越えていく。薄暗い樹林帯の道を軽く登ると土の道になる。展望はなく、夏には蒸し暑さも気になる。勾配が落ち着けば、見通しのいい林のなかを歩くようになる。

途中で浜居場城跡を通る。北条氏の出城で、対立が深まる甲斐の武田氏への国境警備に重要な役割を果たしたという。跡が残るだけだが、戦国時代のロマンを感じさせてくれる。

浜居場城跡を後に、林のなかを進む。なだらかな道が少し登り勾配になり、小さな流れを渡ると木の根が露出した荒れた道に入る。このエリアを抜ければ、矢倉岳への分岐点、**山伏平❻**に到着する。

道標に従って矢倉岳山頂へ。木の根が露出し、左側に金網が張られた直線的な道を過ぎ、道のまんなかがえぐれた箇所を抜けると階段を登るようになる。意外に長い階段登りだ。階段を登ると、細い道になる。再びの階段登りから樹林帯をクリアすると**矢倉岳❼**山頂。

⑥矢倉岳山頂。広く展望に優れた頂きだ。深成岩体として世界的にも極めて新しい存在らしい。⑦矢倉岳山頂の石塔と小さな祠。⑧草地が広がる矢倉岳山頂。上空には遮る物がないので昼寝するには最高の場所といえる。⑨矢倉岳の下山口近くの歩きやすい道

展望がよく、広い山頂で存分に休憩しよう

　山頂は草地で広々としている。明神ヶ岳や神山、金時山など箱根外輪山が展望できる。好天なら富士山も眺められる。日当たりもよく、時間の許す限りランチタイムを楽しもう。

　下山は矢倉岳山頂の西側、祠が祀られたあたりから登山道に入る。樹木が多く、少し暗さを感じる道だ。柔らかい土で深く登山靴がめり込むような箇所があるが、我慢して歩こう。ここを抜けると歩きやすい登山道になるが、すぐに土の流失を防ぐために組まれた丸太を越えるようになる。足を大きく上げなければならないので、結構疲れる。

　階段状の道に入るとトタン小屋の脇を通る。ここから簡易舗装の道になる。周囲には茶畑が広がっている。この先にイノシシ対策としてゲートが設けられていて、これを通過する。通り過ぎたら、ゲートを確実に閉めることを忘れないように。

　ゲートを抜けたら道なりに下る。矢倉沢バス停⑧から関本（大雄山駅）までバスを利用、さらに大雄山線で小田原に出て、帰路につく方法が最もおすすめ。

21世紀の森散策路

107ヘクタールという広大な敷地を誇る21世紀の森。園内には「どんぐりコース25分」「金太郎コース20分」「風切コース30分」という散策が設定されている。園内は整備されているので、子ども連れでも安心して歩くことができる。

水場　コース上に水場と呼べる場所はないが、21世紀の森には水道がある。洒水の滝周辺、21世紀の森に自販機がある。

トイレ　洒水の滝入口。駐車場の横にある。21世紀の森にもトイレがある。

●問合せ先
神奈川県立21世紀の森　☎0465-72-0404
山北町商工観光課　☎0465-75-3646

箱根

19 金太郎伝説が色濃く残る山に登る

初級

標高	1212m
歩行時間	6時間5分
最大標高差	880m
体力度	★★★
技術度	★☆☆

金時山
きんときやま

1/2.5万地形図　御殿場、関本

登山適期とコースの魅力

	1月	2月	3月	4月	5月	6月	7月	8月	9月	10月	11月	12月
		積雪			シオガマギク						紅葉・ホトトギス	
					ツツジ			ハコネトリカブト				
				ハコネグミ、イワボタン								

展望　金時山山頂からは大きな富士山が展望できる。雄大そのものの姿に一瞬、言葉を失う。
花　シオガマギク、リンドウ、フジアザミ、ホトトギス、ハコネトリカブトなど。
紅葉　例年11月上旬〜10日くらいが見頃。富士山をバックに錦色の山容が美しい。

春　4月上旬ならコイワザクラやアカネスミレ、ヒゴスミレなどに出会うことができる。
夏　晴天日だと汗を絞られる。水は多めに用意する。
秋　樹林帯を抜ける風が心地よく感じられる。
冬　12月12日は金時山の日。多くの人が訪れる。

登山者で混雑する金時山山頂と金時茶屋

アクセス

新宿駅 — 小田急線快速急行 1時間20分 800円 — 新松田駅 …… 5分 …… 松田駅 — JR御殿場線 25分 330円 — 足柄駅 …… 3時間15分 …… 金時山 …… 2時間50分 …… 足柄駅

新宿駅から小田急小田原線の快速急行で新松田駅へ。ここからJR松田駅まで5分ほど歩き、JR御殿場線で足柄駅へ向かう。足柄駅から足柄峠まで登り、そこから南に稜線を辿って金時山に登るコースだ。金太郎の伝説が伝わる金時山は我が子の成長を祈りながら親子で登る人も多い。とくにこどもの日の前後の休日には多くのファミリーで賑わう。

穴場的な静かな山歩きを存分に楽しもう

　足柄駅❶の東側に出ると、足柄峠に向かう道が2本ある。左の1本は足柄古道で、地蔵堂川にい沿って登る道。残る道は獄之下神社前を通過して伊勢宇橋まで行く県道78号線だ。今回は県道沿いを歩いて足柄峠から金時山に登ることにする。注意しなければならないのは、車道歩きが続くということだ。平日ならクルマの通行量は少ないが、休日にはドライブ客が多く訪れる場所なので、道の端を歩くようにすることが大切。

　歩いていて意外に心地いいことがわかる。何故なら、緑が濃く森林浴気分が満喫できるからだ。ただし、車道なので道の端を歩くこ

上：山頂下にはこうした階段が何本かあるが、しっかり取りつけられているので、安心だ。先行者との距離を開けて登るようにしよう。
下：往路で歩く県道78号線。基本的に車道なので、道路の端を歩くことを心がけよう

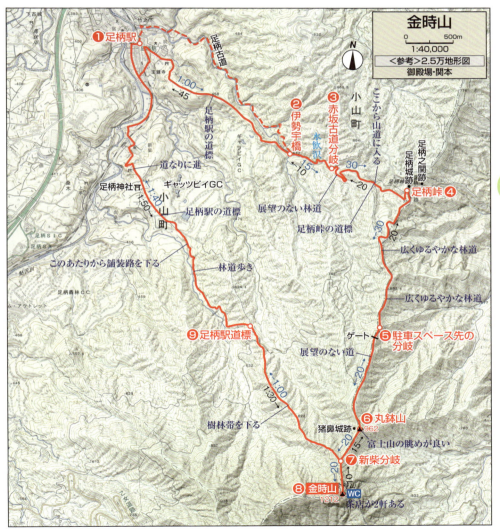

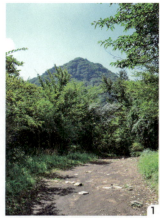

①未舗装だが歩きやすい金時山に向かう登山道。正面に見えるのが金時山山頂だ。②登山途中の小さな広場。ベンチに座って富士山と対面するのもいい。晴天日だとここから写真を撮影する人が多い。③この鳥居から先が神域になる。山頂まではあとわずかだ。④足柄峠の駐車スペース。休日には混むので、利用するなら早朝に到着するように計画すると無難

と。足柄駅への道標が立つあたりで県道78号線が合流してくる。大きな木に囲まれた車道歩きが続く。伊勢宇橋❷で足柄古道と合流。そのまま進むと水飲沢。現在は水場として使用されていないようだ。必要な水は事前に用意すること。

展望のない車道登りが続くが、大きな森のなかを歩いているような気分に浸れるはずだ。左に足柄峠方面へ向かう赤坂古道分岐❸を過ぎる。

足柄峠の道標が立つ地点から山道に入り、道なりに登ると足柄峠❹に到着する。ここには駐車スペースがあり、車を停めて金時山をピストンする人も多いようだ。

せっかくここまで来たのだから、足柄城跡と足柄之関跡を見学するのも思い出になる。

明るい足柄峠から
金時山に向かう

勾配の少ない道を金時山の道標に導かれるようにして進む。最初は舗装された道だが、未舗装部分に入ってもよく踏み固められているので、苦労することはない。正面にゲートが見えてくる。その前が駐車スペースのようだ。すぐに駐車スペース先の分岐❺に着く。この先は展望のよくない道を進む。

富士山が眺められるようになれば丸鉢山❻だ。ここは猪鼻城跡としても知られている。登山道脇にベンチが置かれているので、小休止。じっくりと富士山と対峙する。そんな贅沢な時間を楽しむのもいいかもしれない。ここまでなら老若男女、誰でも来ることができる。犬連れの人や散歩の延長の人も多い。

ほぼ平坦な道から、登り勾配になってくると、鳥居の立つ分岐に着く。ここが新柴分岐❼。下山時、ここから足柄駅に下る道が分岐する地点。勾配のきつい階段登りが待ち受けるが、20分ほどで金時山❽山頂に立てる。

金時山山頂には2軒の茶店とトイレがある。それほど広い頂きではないが、展望は申し分ない。標高は1212m。これに因んで地元では12月12日を金時山の日に認定。当日には

⑤緑豊かな丸鉢山手前の道。勾配は緩く歩きやすい。木漏れ日が心地いい。⑥猪鼻砦跡。御殿場方面から眺めると、猪の鼻のように見えることから名づけられた。⑦金時山の山頂。富士山が正面に見える景色が人気。⑧金時山山頂から眺める箱根の街並みと芦ノ湖。⑨金時山の山頂に建つ金太郎茶屋。連日混雑している

多くの金時山ファンが訪れ、早朝から賑わっている。

名前も住所も知らない人たちが、毎年この日に金時山で会うことを約束している。そんな光景を何度も目撃したことがある。

自然林が美しい道から足柄駅に戻る

ゆっくり金時山を楽しんだら下山にかかろう。往路を新柴分岐まで戻り、登ってきた道ではなく左に下る道に入る。登りで確認できなかった富士山の美しい姿をまぶたに焼きつけたら、ゆっくり下る。この下山ルートには特別危険な箇所はないので、焦らずにゆっくり下ればいい。点々と道標があるが、一本道なので迷うことはないはずだ。

道標も少ないが配置されているので大丈夫だ。1時間ほど下ると**足柄駅道標**❾があるので、今までの道をそのまま下る。森林浴もバードウォッチングもできそうな道を調子よく下る。

高度が下がってくるとギャツビーゴルフクラブの前を通る。広大な敷地に広がる緑が眩しい。このあたりで振り返ると金時山の特徴的な山容が広がっている。足柄駅はもう近い。

金太郎伝説

金太郎に関する伝説はいくつかあるが、足柄山で生まれた金太郎は人一倍元気で、怪童といわれていた。たくましく成長した金太郎は源頼朝の家来になり、坂田金時と改名。京に上り頼朝四天王の一人として活躍したと伝わる。

水場 ルート上に水場はない。新松田駅での乗り換えなどの時にコンビニや駅の売店で購入する。

トイレ 乗り換え駅のほか、足柄城址や金時山山頂にある。

●問合せ先
小山町観光協会 ☎0550-76-5000
箱根町総合観光案内所 ☎0460-85-5700

箱根 金時山

奥多摩

20 奥多摩三山のひとつに数えられる名山に登る

大岳山（おおだけさん）

標高	1266m
歩行時間	7時間
最大標高差	923m
体力度	★★★
技術度	★★☆

初・中級

1/2.5万地形図：奥多摩湖、武蔵御岳

登山適期とコースの魅力

	1月	2月	3月	4月	5月	6月	7月	8月	9月	10月	11月	12月
				クチガイソウ・ミヤマキケマン						紅葉		
					アカバナヒメイワカガミ							
			ニリンソウ		シロヤブケマン							

展望 大岳山からは富士山や丹沢方面の山々が展望でき、晴天の休日には多くの人と出会う。
花 クチガイソウやアカバナヒメイワカガミ、ミヤマスミレ、ニリンソウ、シロヤブケマンなどが咲く。
紅葉 例年の見頃は10月下旬〜11月中旬頃がピークだが、年によって多少異なることがある。

春 4月に入るとスミレやニリンソウ、ミヤマキケマンなどの春の花が開花。登山道が賑やかになる。
夏 多くの人が涼を求めて御岳山を訪れている。休日には大岳山でも多くの人とすれ違う。
秋 紅葉時。紹介コースを歩く人は多い。
冬 積雪状況を確認してから入山することが大切。

鋸山へ2.3km・奥多摩駅へ3.1kmの道標

アクセス

新宿駅 → [JR中央線青梅特快 1時間20分] → 青梅駅 → [JR青梅線普通 40分] → 奥多摩駅 → [7時間] → 滝本バス停 → [西東京バス 8分 340円] → 御嶽駅 → [JR青梅線普通 50分] → 立川駅 → [JR中央線中央特快 30分] → 新宿駅
※新宿駅〜奥多摩駅 1110円　※御嶽駅〜新宿駅 950円

JR中央線を利用するのが最もわかりやすいが、西武線沿線駅が近いようなら西武線を利用して奥多摩駅まで行くルートを調べよう。奥多摩駅はJR青梅線の終点駅。設定ルートは起点駅と終点駅が遠いため、マイカー向きではない。クルマで行くなら御嶽駅周辺のパーキングを利用して、往路に御嶽駅から奥多摩駅まで電車で行く方法もある。

コースガイド

長い階段を登って鋸尾根に乗る

鋸尾根は勾配がきつく、クサリ場があることで知られている。ここを登っているとすれ違う人はいるのだが、登っている人は少ないように思う。安全面からいうと登るほうが少し危険度は減る。まだ、鋸尾根に挑戦したことのない人にぜひ登ってもらいたいコースだ。

奥多摩駅❶ を出たら氷川キャンプ場方面へ行く。昭和橋を渡ったら右へ。いよいよ登山道に入る。樹林帯を抜けると目の間に長い階段が現れる。187段あるまっすぐに延びる階段だ。ここに取りつく。最後まで手摺りがあるのを手で持ってクリアしよう。疲れたら、途中で小休止を繰り返す。呼吸のリズ

左:山に囲まれた奥多摩町の住宅街。ここがスタート地点になる。右:伝統と格式のある愛宕神社

ムに合わせるのがコツかもしれない。とにかくゆっくり確実に登ることが大切。

階段登りが終わると鋸尾根に入る。岩場が連続する道だ。細心の注意を払って一つ一つクリアする。場所によっては両手、両足をフル動員しなければならない箇所もあるが、難しくはない。後続の登山者が気になるようなら、安全な場所に退避して先を譲ろう。後続の状況に合わせて小休止すること。

①大岳山山頂。山頂は細長く展望に優れている。日当たりもいいので長時間留まる登山者が多い。②クサリが張られた鋸尾根。岩場登りが続く。③鋸尾根に安置された天狗像。④鋸尾根の岩場。ハシゴやクサリも多い

鋸山から大岳山に向けて
気持ちのいい稜線を歩く

　鋸山❷の山頂は広いが樹木に囲まれ展望はない。鋸尾根で支配された緊張感をここでしばらく休んで解き放とう。ベンチが置かれているので座って休憩しよう。汗が引いたら大岳山に向けて尾根道を歩く。樹林帯を軽くアップダウンして行く。展望に恵まれない道で歩行時間も長いので、疲れを感じる前に休憩することを忘れないようにしよう。まだまだ、下山口までは遠い。

　樹林帯を抜けてくると前方が開けてくる。そこが大岳山❸山頂だ。大岳山は細長い山頂で、それほど広くないが、休憩する場所には困らない。山頂に転がる岩がちょうどいいイスになるはずだ。

　空気が乾燥した日なら、正面に富士山が見えるはずだ。さらに陣馬山、丹沢山、蛭ヶ岳、檜洞丸、大室山、雁ヶ腹摺山、三頭山などが展望できる。また、夕焼けの頃なら見えているエリアの山々が赤く染まり、幻想的な雰囲気に包まれるが、その時刻に山頂にいるなら、ソロでは危険。グループでの行動とし、ヘッドランプを忘れないこと。

大岳山から鍋割山を
経由して御岳山へ

　大岳山山頂から山頂下の広場まで下る。ここに建つ大岳山荘は2024年8月現在、営業していないがトイレは利用できるようだ。大岳神社にお参りしたら、細く、クサリ場と階段のある道を進む。「転落注意」と書かれた看板に驚くが、落ち着いて目の前に見えるクサリ、ハシゴ、階段を一つずつクリアする。先行者がいる場合は距離を詰めないように注意しよう。また、このエリアでのすれ違いは危険なので、前方から登山者が来ている場合は、すれ違う場所を探して退避しよう。また、対向者が避けてくれていたら、軽くお礼を言ってすれ違うようにしよう。ここをクリアして鍋割山❹へ向かう。

奥多摩　大岳山

鍋割山分岐から細い稜線を
辿って御岳山へ行く

　鍋割山から細い稜線を慎重に進む。展望はいいが足元は細い尾根道なので慎重に。奥ノ院を過ぎて、さらに進むと天狗ノ腰掛け杉に出る。ここから御岳山❺まではわずかな時間だ。御岳山の山頂には、武蔵御嶽神社が建つ。標高は929m。境内をゆっくり散策してみよう。南東方面には日の出山が見えている。

　下山にかかるが、途中の土産物店や飲食店に立ち寄って御岳山の思い出をつくるのもいい。地元の人たちにも人気のある蕎麦店などがある。とくに武蔵御嶽神社には見どころが多く、ひとつひとつ解説文を読みながら見学していると時間も必要だ。

　御岳山駅から滝本駅までは御岳山ケーブルカーを利用して下山するのが定番だが、ケーブルカーの終点まで歩くこともできる。

　その道が「表参道」だ。ケーブルカーなどなかった時代には僧侶も住民も信者もこの道を歩いて往復していた。

　現在は御岳の集落に住む人や関係者しかクルマで通行することができないのだが、誰でも歩くことはできる。しかし、夜明けを山頂で迎えたい登山者や、夜明けの写真を撮影するカメラマンなどが利用する以外に歩く人を見たことはない。ちなみに筆者はほとんど下山時に歩くことにしているのだが、擦れ違う御岳の集落に住む人たちのクルマから「お疲れさまでした。また、来てくださいね」という優しい言葉をかけられることが多い。

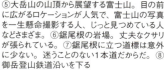

❺大岳山の山頂から展望する富士山。目の前に広がるロケーションが人気で、富士山の写真を一生懸命撮影する人、じっと見つめている人などさまざま。❻鋸尾根の岩場。丈夫なクサリが張られている。❼鋸尾根に立つ道標は意外に少ない。迷うことのない1本道だからだ。❽御岳登山鉄道沿いを下る

💧 **水場** コース上に水場はない。コース上で水が購入できるのは奥多摩駅周辺しかない。

🚻 **トイレ** 奥多摩駅、大岳神社、武蔵御嶽神社、御岳ビジターセンター、御岳山駅、滝本駅にある。

● **問合せ先**
檜原村観光商工課 ☎042-598-1011

大岳神社

大岳山の登山口にある神社。747（天平19）年に造立。古くから山岳信仰にもとづく社のようだ。

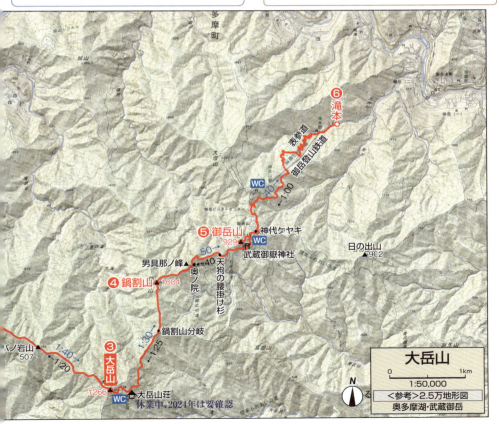

奥多摩

21 歩く人の少なくなったアタゴ尾根を登る

初級

標高	929m(御岳山)
歩行時間	4時間10分
最大標高差	692m
体力度	★★☆
技術度	★☆☆

1/2.5万地形図　武蔵御岳

日の出山〜御岳山
(ひのでやま　みたけさん)

登山適期とコースの魅力

1月	2月	3月	4月	5月	6月	7月	8月	9月	10月	11月	12月
積雪期	残雪	新緑			梅雨		夏山		秋山	紅葉	晩秋
		アカヤシオ					イワタバコ				
		カタクリ		バイカツツジ				レンゲショウマ			

展望 東側の展望に優れ関東平野が一望できる。乾燥した晴天日ならスカイツリーも見える。
花 ドウダンツツジやシャクナゲ、カタクリ、レンゲショウマ、アカヤシオなどの花に会える
紅葉 例年10月下旬〜11月中旬が見頃で、首都圏からたくさんの人が見物に訪れている。

雪がなければ季節感をあまり感じることが少ない山だが、この季節が最も登山者が多い。
夏 日当たりがいい山だけに盛夏は登山向きではない。この時期は御岳山駅からピストンしよう。
秋 10月下旬〜11月上旬が紅葉の見頃。
冬 積雪があっても冬山体験で登る人が多い。

登山者で混雑する日の出山山頂

アクセス

新宿駅 → JR中央線青梅快速 1時間20分 → 青梅駅 → JR青梅線各駅10分 → 二俣尾駅 → 4時間10分 → 滝本駅 → 西東京バス 8分 340円 → 御嶽駅 → JR青梅線各駅50分 → 立川駅 → JR青梅線中央特快 30分 → 新宿駅
※新宿駅〜二俣尾駅 950円　※御嶽駅〜新宿駅 950円

四季を問わず休日には多くの登山者が訪れる御岳山・日の出山山域。ほとんどの人はケーブルカーを利用して山頂に立つのだが、今回は少し違う歩き方をしてみる。二俣尾駅をスタートして日の出山から御岳山に登り、御岳登山鉄道の軌道に沿った車道を下るというものだ。この軌道沿いの道は、御岳の集落に住む人たちの生活道路でもある。

静かな歩きが楽しめるかつてのメインルート

かつては日の出山へのメインルートだったこのコースだが、つるつる温泉ができて以降、歩く人も少なくなった。それだけに、自分のペースで静かな山歩きを心ゆくまで楽しめるはずだ。

二俣尾駅❶から国道411号を越え、多摩川に架かる奥多摩橋を渡る。前方に見えているのが三室山から日の出山にかけての山並みだ。奥多摩らしい奥の深さを感じさせてくれるロケーションが広がり、今回の山旅の選択が正しかったことを実感できる。

奥多摩橋を渡ってしばらく行くと、吉野街道を横断する。休日にはドライブで訪れた人

左：スタート地点の二俣尾駅。小さな駅だが、登山者の姿は多い。
右：こぢんまりとした三室山の山頂

たちのクルマで混むエリアだ。ここを渡り登山道に入ると愛宕神社がある。ここでひと息入れて先に進む。

今歩いている道はアタゴ尾根という名称がつけられている。少しずつ勾配が増してくるので、焦らずにわざとゆっくり歩くようにしよう。疲れたら立ち休みを繰り返して、「登山している」ということを体に認識させよう。新四国八十八ヶ所霊場を歩く人がいる道だ。

92

①日の出山山頂。晴天の休日には多くの登山者が訪れ、にぎやか。②三室山に向かう明るい登山道。③日の出山山頂からの展望。④鳥居をくぐって神域を抜ける。⑤歩きやすい表参道

少し勾配が落ち着くと、奥の院に着く。

奥の院から少し下った後、15分ほど登ると三室山❷山頂に着く。山頂は意外に広く休憩にももってこいだ。休憩をした後、体が冷えないうちに出発しよう。

奥多摩らしい雰囲気を
楽しみながら登る

三室山から梅野木峠に向かう。山頂からしばらく勾配の緩い道を下っていく。左下に林道が見える。展望が開けていて、日の出山や大岳山も見える。金網に囲まれた建物の脇を通って下れば、梅野木峠に着く。

ここは十字路になっていて、車止めのゲートが造られている。ベンチが置かれているので少し休憩していくといい。

また、ここが目的のハイカーをたまに見かける。ここから琴平神社を経由して日向和田駅に下るらしい。歩行時間は3時間。高低差は450m。健康を考えたトレッキングなら申し分のないコースだ。下山先も駅なので、頻繁に訪れるにはいい。こうしたガイドブックにはない自分だけの楽しみ方をもっと持って欲しいと思う。基本的に登山靴とザック、雨具があれば山歩きはできる。

尾根道を忠実に辿って登る。高峰❸を越え、高度が上がると奥多摩らしい奥の深いロケーションが広がってくる。縦走路は歩きやすいが、午後になると下ってくる人がいるので、すれ違いには注意したい。上方が明るくなってくると日の出山❹山頂に到着する。

日の出山から
御岳山に行ってみる

日の出山の山頂は広く休憩用の東屋が建てられている。その周りが休憩ポイントになる。展望は申し分なく、湿度の低い晴天日ならスカイツリーが見える。ここでランチを楽しむ。混雑していない晴天日なら山頂で昼寝を楽しむこともできる。また、金毘羅尾根を下るマウンテンバイクのライダーたちが、休憩していることもある。山頂の一段下にはトイレが

併設されている。

　日の出山から御岳山へ行く。北西に延びる登山道を進むと神代ケヤキの近くに出る。このケヤキの樹齢は1000年と推測されている。ここを左に階段を登れば武蔵御嶽神社だ。この社殿が **御岳山❺** 山頂になる。荘厳な造りで歴史を感じさせてくれる神社だ。

下山はケーブルカーを使わず歩いてみよう

　御岳山山頂から御岳山ビジターセンター方面へ下る。多くの登山者が御岳山駅からケーブルカーを利用して下山しているが、今回はビジターセンターの先から、表参道を下ってみよう。この道は御岳の集落で暮らす人たちの生活道路だが、歩くことができる。ケーブルカーを使って登った時に、ケーブルカーの下に見える舗装道路だ。

　今回はここを下ることにする。当時の建造物などは残っていないが、跡地の標柱が立っている。ひとつひとつ確認しながら下ると山旅の思い出がさらに増えるはずだ。

　ただし、この道は御岳の集落で暮らす人たちの生活道路。時折りクルマが往来する。運転する人たちはすれ違う時にゆっくり走ってくれるので心配はないが、軽く会釈することを忘れないように。

　歩き始めるとすぐに「くろもん」の標柱がある。ここが集落の入口で「黒い門」があった場所のようだ。次に「やまのかみ」、「あんまがえし」、「だいこくのお」、「じゅうやっくぼ」、「だんこどう」などと続き御岳山ケーブルの高架下を抜ける。その後も見所が続き **滝本❻** で表参道下りが終了する。

⑥大きな杉の木がまっすぐに伸びる表参道。その威厳に圧倒される。⑦御岳山域は鳥居が多い。⑧御岳山山頂の武蔵御嶽神社宝物殿。⑨日の出山山頂の方向指示盤。⑩日の出山山頂の下にあるトイレ。手洗い場はない

94

 水場 山中に水場といえる場所はない。そのため事前に用意することが大切。歩行時間は4時間10分。最低でも1ℓの水は必要。
トイレ 二俣尾駅、日の出山、御岳山、御岳山ビジターセンター、御岳山駅にある。
●問合せ先
日の出町役場産業観光課 ☎042-588-4101

神代ケヤキ

見る者を圧倒する大きさの欅。幹回り8.2m、樹高30mの巨木だ。この木は日本武尊（やまとたけるのみこと）が東征の際に植えたという伝説がある。

奥多摩

日の出山〜御岳山

95

奥多摩

22 多摩百山に選定された名山

初・中級

本仁田山
ほにたやま

標高	1225m
歩行時間	4時間
最大標高差	882m
体力度	★★☆
技術度	★☆☆
1/2.5万地形図	奥多摩湖、武蔵日原、原市場、武蔵御岳

登山適期とコースの魅力

展望 展望に恵まれた山ではないが、奥多摩の山深さが味わえる。
花 ガイドブックにはあまり紹介されない山だが、花は多く小さな花たちが咲いている。
紅葉 例年10月下旬～11月中旬が見頃で、首都圏からたくさんの人が見物に訪れている。

春 この山が目的の人は少ないが、川苔山方面の山と変らず新緑がきれい。
夏 樹林帯を歩く箇所が多く、盛夏の登山は汗を絞られる覚悟がいる。
秋 11月中旬～下旬に紅葉の見頃を迎える。
冬 積雪があっても冬山体験で登る人が多い。

スタートすると目指す山域が見えてくる

アクセス

大休場尾根や杉ノ尾根を歩く登山者の最終目的地は川苔山という人が圧倒的に多い。本仁田山や瘤高山はその道中の

チェックポイントだが、そこを目的にしても楽しい。著者は川苔山に登る場合は杉ノ尾根からアプローチして大休場

尾根で下山することが多いが、途中に通る本仁田山で味わう耳が痛くなるくらいの静寂がとても気に入っている。

JR青梅線終点駅の奥多摩駅からスタート

　関東の駅百選に認定された **JR奥多摩駅❶** がスタート地点になる。駅舎には売店やカフェ、土産物販売店がある。本仁田山はこの奥多摩駅の北側に聳えている。そのため奥多摩駅や今回下山する鳩ノ巣駅からアプローチする人が多い。

　奥多摩駅で下車したら、駅前の道を右へ。日原川に架かる北氷川橋を渡る。道標に従って進めば大丈夫だ。さらに日原川を渡り返す。道標に従って進むとワサビ田が見えてくる。その先が実質的な登山口の **安寺沢❷** だ。

　民家の裏側に回り込むようにして、植林された斜面に取りつき、大休場尾根に乗る。

スタート地点の奥多摩駅。都内で最も標高が高い駅

左：意外に通行量の少ない車道を進み、いくつか立派な橋を渡って進む。右：奥多摩駅と本仁田山の中間点に立つ道標

①標高1225mの本仁田山山頂。奥多摩三大急登の一つ、大休場尾根からアプローチする。②山中の道標は正確でしっかりと立っている。③岩が露出した山頂エリアの尾根道。天気がよければ展望がいい。④縦走路は樹林帯に延びているが、日当たりのいい場所も多い。奥多摩三大急登に数えられる山域に登ったのだから、尾根歩きを存分に楽しもう

大休場尾根の急登を焦らずゆっくり登る

　大休場尾根は勾配のきついことで知られる尾根道だが、奥多摩の深い緑に囲まれ充実感がある。小まめに休憩しながら自分のペースで登ることを心がけよう。休憩のタイミングは疲れきる前、少し疲れたと思う時がいい。まだ登ることができる状態の時だ。それを繰り返すことで登山後の疲労感は軽減される。

　花折戸尾根への道を右に分ければ、すぐに**本仁田山**❷山頂に到着する。高低差約880mの急坂をクリアしたことになる。まずは自分を褒めてあげよう。

　地味な山頂だが、御岳山や大岳山、御前山を展望することができる。また、樹林の間からは鷹ノ巣山や六ッ石山なども見える。晴天なら富士山を拝むことができる。決して広くはないが、訪れる人の少ない山頂を楽しもう。

　本仁田山から、北東に延びる稜線を川苔山の道標に従って進む。100mほど進むと川苔山や蕎麦粒山が見えてくる。道がなだらかになると林を抜け、15分ほどで**瘤高山**❸に出る。川苔山に繋がる尾根道が延びている場所だ。休日には多くの登山者が行き交う。

　瘤高山の標高は1116m。東側の展望はよく、好天なら川苔山や狭山丘陵、東京の都心部まで見渡すことができるが、必ずしも晴天日なら大丈夫ということでもない。もし最高の展望が得られたら、瘤高山に選ばれた登山者と思っていい。筆者は何十回も登っているのだが、その恩恵に預かったことがあるのはたった一度だけ。それ以来、とても気になる山の一つになっている。

　瘤高山から川苔山へ向かう道を分け、防火帯に沿うようにして下る。途中でこの防火帯と分かれ、林のなかの道を下るのだが、その分岐点にある道標を見逃さないこと。

　道なりに下ると大根ノ山ノ神に到着する。鳩ノ巣駅から川苔山に登った経験のある人には、馴染みのある場所だ。小さな祠が祀られた休憩ポイントになる。今回の山旅最後の休

⑤高度が上がってくると少しずつ奥多摩の山並みが見えてくる。休憩がてら、展望を楽しもう。⑥下山道の最後は、この道標に従って鳩ノ巣駅へ。充実した1日が過ごせたはずだ。⑦駅前が広い鳩ノ巣駅。電車の時間まで広い駅前広場で休憩しよう。⑧明るい日差しが心地いい登山道。山域は広いので、休日でもそれほど沢山の人とすれ違ったり、追い抜かなければならないようなことはない。自分のペースを守って登ることのできるコースだ

憩をして下る。樹林帯を下る道は快適で、右手には本仁田山方面の山塊が見えている。熊野神社の手前あたりから舗装された道になり、間もなくJR鳩ノ巣駅に到着する。

　鳩ノ巣駅前は広くザックの整理をしたり、休憩するには最適な場所だ。また、鳩ノ巣駅近くには食堂や喫茶店がある。

安寺沢の民家。ここから山道になる

本仁田山山頂一帯は伐採され明るい

奥多摩駅

JR青梅線の終点駅で独特のフォルムは人気があり、東京都内で最も西に位置している。標高は東京タワー頂部の海抜351mよりも8m低い343m。青梅線の青梅駅以西では唯一の有人駅。駅構内には靴洗い場やカレーショップなどがある。

💧 **水場**　水場はない。必要な物は電車に乗る前に揃えておこう。奥多摩駅前で確実に必要な物が揃うとは限らないからだ。

🚻 **トイレ**　奥多摩駅、鳩ノ巣駅にあるが山中のコース上にはない。

●問合せ先
奥多摩町観光案内所 ☎0428-83-2152
大多摩観光連盟 ☎0428-22-3525

奥多摩

23 奥多摩エリアで人気のある川苔山に登る

初・中級

標高	1363m
歩行時間	6時間
最大標高差	1000m
体力度	★★☆
技術度	★★☆

1/2.5万地形図：奥多摩湖、武蔵日原、原市場、武蔵御岳

川苔山
かわのりやま

登山適期とコースの魅力

	1月	2月	3月	4月	5月	6月	7月	8月	9月	10月	11月	12月
			サクラ			トウゴクミツバツツジ					紅葉	
					アカヤシオ							
			マルバスミレ			シロヤシオ						

展望 山頂からは富士山や奥多摩西部の山々が展望できる。乾燥した日がおすすめ。
花 5月のシロヤシオ、トウゴクミツバツツジが有名。花の百名山に選ばれている。
紅葉 10月下旬から11月中旬過ぎくらいまでが見頃。

春 4月中旬くらいからが本格的な春になる。登山道に小さな花が咲き始める。
夏 盛夏の登山道は暑いが山頂は清々しい。
秋 全山が紅葉色に染まるのは11月中旬。
冬 12月中旬〜3月までは積雪があるので、アイゼンは必携。

しっかりとした道標が配置された山だ

アクセス：新宿駅 — JR中央線・青梅線特快 1時間10分 — 青梅駅 — JR青梅線普通 35分 — 鳩ノ巣駅 ※新宿駅〜鳩ノ巣駅 1110円 — 6時間 — 古里駅 — JR青梅線普通 30分 — 青梅駅 — JR青梅線・中央線特快 1時間10分 — 新宿駅 ※古里駅〜新宿駅 950円

川苔山は奥多摩山域でも人気のある山。それは日帰りで登ることができることと、山域が広く登山コースを自由に選択することができるからだ。ここで紹介するのは、JR青梅線の鳩ノ巣駅からスタートして古里駅に下山するコース。大ダワから岩の多い鋸尾根を登る設定だが、自信がなければ巻き道を登ろう。30分くらいで舟井戸に行ける。

奥多摩エリア屈指の人気を誇る山へ

　川苔山は、さまざまなアプローチが考えられる人気の高い山。いずれからも歩行時間が長く、とっつきにくい印象だが、一度登ると魅了される人が多い。そうなると、さまざまなルートの全制覇を目指したり、同じルートでも季節を変えて何回もチャレンジしたりといったファンが増える。その数は奥多摩の山々のなかでも、一、二を争うほどだ。

　青梅線**鳩ノ巣駅❶**を出たら右へ行き、線路を渡る。そのまま棚沢集落に延びる登り勾配の道を行く。地元の人たちの生活道路なので、クルマも通る。途中に分岐があるが、道標が立てられているので安心だ。基本的に道なりに歩けばいい。

　道が突き当たったら、そこを直角に左へ。左に城山や御岳山方面の山が見えている。

　植林された杉林に延びる登山道を登り始める。5分ほど直登すると、道は右に大きく曲がり、北西に向かうようになる。左側に見えるのがチクマ山や本仁田山に続く稜線。大きな山塊といった感じだ。

　林のなかを10分ほど進むと直線的な道に

左：スタート地点になる鳩ノ巣駅。駅舎に登山届提出所があるので利用しよう。右：登山口から民家の脇を抜けて登る

100

①川苔山の山頂。休日以外なら比較的登山者は少ない。山頂手前の稜線に乗ると青い空が見える。②登り始めは、少し急な樹林帯を登る。③小さな祠が祀られた大根ノ山ノ神。最初の休憩ポイントにいい。④山頂が近くなると、木々が薄くなり青空が広がる。⑤大ダワからの鋸尾根。こうした登りが少し続くので、岩場経験のない人は必ず巻き道を登ること

なる。ここをクリアしてジグザグに登ると大根ノ山ノ神❷に到着。多少広くなっているので、最初の休憩をする。ここから大ダワ・川苔山方面へ進む。

　相変わらずの樹林帯歩きが続く。しばらく歩くと、左右の木々の間から少しずつ展望が得られるようになる。15分で川苔山と本仁田山の分岐に着く。ここを大ダワ方面へ。30分ほどで日当たりのいい雑木林に入る。道も広くなり、歩きやすい。すぐに水平歩行になり、下山時に歩く赤杭山方面が眺められる。大きな岩の脇をしばらく登れば大ダワ❸だ。

　ここでルートは二つに分かれる。鋸尾根はその名のとおり、鋸の歯のような尾根を登る。もう1本は巻き道だ。ここでは鋸尾根を歩くが、ここは技術よりも体力勝負。自信がなければ巻き道をとろう。

　大ダワから上方に見える馬ノ背のような尾根の基点まで行き、そこを登る。すぐに岩混じりの登りになる。ここを登りきると再び馬ノ背を登る。これを繰り返して進むのが鋸尾根の特徴。このルートが危険なのは、平らな箇所がないから。立っている場所すら傾斜地が多いということだ。

　岩場は最初と最後にあるが、どちらも初級者レベル。最後の岩場をクリアすれば、下方に巻き道との合流点の舟井戸が見えてくる。

　舟井戸から左上に川苔山山頂部分を眺めながら登る。大きく曲がりながら進むと、山頂の稜線に乗る。左に台地が見える。そこが川苔山山頂❹。10分ほどで山頂に着く。

苦労した分、展望のよさは格別

　山頂は広く、展望に優れている。奥多摩の山並みはもちろん、富士山や丹沢山塊を手に取るように眺められる。ベンチは少ないが、山頂はどこも展望ポイントになる。展望とランチを存分に楽しもう。

　山頂から稜線を戻る。舟井戸から登って稜線と合流した地点を直進すると、古里駅の道標が立つ分岐に出る。ここを右へ下る。この

⑥山頂から眺める奥多摩の山並み。⑦舟井戸から先の登山道。意外に広い尾根道が続く。開放的な気分で歩けるはずだ。⑧下りに歩く赤杭尾根の途中に広場のような箇所がある。時間があれば休憩していこう。⑨下山口から眺める御岳山方面の山塊。⑩終点の古里駅。駅前は広いので電車が来るまでここで休憩しよう

尾根を赤杭尾根という。

　北側からの下り始めは急で、足場の悪い箇所がある。その後は馬ノ背のような箇所を下る。勾配は緩く歩きやすい。馬ノ背下りが終わったら、細い尾根道を下るようになる。

　左に大きく下る分岐点に入ると、支尾根から外れて樹林帯を歩くことになる。ジグザグに下っていくと林道に出る。左右の木々が美しい。のんびりした気持ちで歩くと、小さな広場に出る。ここを右へ、樹林帯を歩く。

　斜面を歩くと右側が開けた場所に出る。御前山や大岳山など、奥多摩の山並みが広がる。ここを過ぎると再び樹林帯に入る。

　赤杭山❺（赤久奈山）に向かう分岐は直進。結構下り勾配がきつい。途中の鞍部❻を右方向へ。その後も樹林帯の道を進む。この下りは意外に勾配がきついため、足腰にかかる負担が大きい。そのため、疲れを感じる前に休憩することが大切。「もうすぐ下山口だから」と思わずに休憩を繰り返そう。直線的な道になると古里駅への分岐が現れる。ここを右へ、

林のなかを縫うように下る。民家が見えてくると、赤杭尾根の登山口はすぐ。道標に従って線路沿いを進めば古里駅❼だ。

鋸尾根

鋸の歯のように尖った岩が連続する尾根で、川苔山を目指す人たちが憧れる岩尾根だが、小刻みにアップダウンを繰り返すため、集中力が必要。せっかく登ったのに、すぐに下らなければならないが、それが山登りの楽しみでもある。ゆっくり安全に歩く。

 水場　山中の水場は舟井戸しかない。歩行時間が長いので必要な物は事前に用意しよう。とくに水分は多めに。

トイレ　鳩ノ巣駅、古里駅にあるが山中にはない。必ず鳩ノ巣駅のトイレを利用してからスタートすること。

●問合せ先
奥多摩観光協会 ☎0428-83-2152

奥多摩

24 奥多摩エリア入門の山として人気がある

初級

標高	793m(岩茸石山)
歩行時間	4時間20分
最大標高差	560m
体力度	★★☆
技術度	★☆☆

1/2.5万地形図：武蔵御岳、原市場

高水三山
（たかみずさんざん）

登山適期とコースの魅力

	1月	2月	3月	4月	5月	6月	7月	8月	9月	10月	11月	12月
積雪	■											
フクジュソウ		■										
ツルリンドウ			■									
イワウチワ			■									
サクラ				■								
タチツボスミレ				■	■							
コバタツナミソウ					■							
ガクアジサイ						■	■					
紅葉										■	■	

展望 高水三山で最も展望のいいのが岩茸石山。棒ノ折山や高水山、スカイツリーが見える。
花 特別珍しい花たちに出会うことはないが、タチツボスミレ、エイザンスミレが咲く。
紅葉 紹介コースのあちらこちらで紅葉見物ができる。10月中旬から11月中旬が見頃。

🌸 最も山歩きに適した季節。危険箇所もなく、天気がよければ楽しい山歩きが楽しめる。
☀ 盛夏だとかなり暑い。しかし、山頂稜線に吹く風が心地いい。
🍁 最も登山に適した季節。紅葉の頃がいい。
❄ 少量の積雪なら歩くことができる。

厳冬期の高水三山。ソロ登山は危険

アクセス

新宿駅 →JR中央線特快25分→ 立川駅 →JR青梅線50分→ 軍畑駅 →4時間20分→ 御嶽駅 →JR青梅線55分→ 立川駅 →JR中央線特快25分→ 新宿駅

※新宿駅〜軍畑駅 950円　※御嶽駅〜新宿駅 950円

JR青梅線の軍畑駅と御嶽駅が起点になる。自宅が池袋方面や西武線近くなら、西武線を利用して拝島駅まで行き、そこからJR青梅線に乗り換える方法もある。また、JR八高線を利用して拝島駅まで行くこともできる。紹介するコースは初級者向きだが、靴は登山靴を利用。以前スニーカーの女性が滑ってケガをした現場を目撃したことがある。

コースガイド
山里の雰囲気を楽しみながら歩く

青梅線の**軍畑駅❶**が出発地点。駅を出たら線路を渡り、民家が点在する道を進む。突き当たりの車道を左へ10分ほど歩くと、左に高水山への道標が立っているので、その小道に入る。平溝通りといわれる道で、沢沿いを進むと次第に勾配がついてくる。登山者用のトイレを備えた高源寺を過ぎると、登り勾配が厳しくなる。民家が建つあたりまで登ってくると、いつの間にか立ち休みを繰り返すようになっている。

民家が途絶えると勾配は落ち着き、登山口の**砂防ダム脇登山口❷**に到着する。ここまでは簡易舗装の道だ。

①明るい軍畑駅前。駅前は広いのでここでストレッチしてからスタートしよう。②軍畑駅からすぐにここに出る。左に曲がり車道を進む。③ここで左へ。④高源寺。ここから山道へ

靴紐やザックベルトの緩みなどを確認したら、山道へと踏み出す。目の前の階段を登る。階段を登り終えると、道は樹林帯のなかへと続いている。昼でもほの暗さを感じる道だ。

104

⑤岩茸石山から棒ノ折山方面を眺める。⑥ここが高水山登山口。靴紐の緩みを直して歩き始めよう。⑦木が伐採された明るい斜面を登る。⑧緑に覆われた常福院。この上が高水山だ。⑨登山者で混雑する高水山山頂。ここでランチもいいが、混雑していたら次の岩茸石山でお腹を満たそう

さほど高低差を感じない登りが続く。20分ほどで伐採地に出る。正面上方に見える尾根まで登るのだが、ここからの登りはけっこう厳しい。

急な斜面を最初は直線的に登る。この部分が最もきついので、頑張ろう。その後は細かくジグザグを繰り返す。左から下ってくる尾根と合流すると、このコースの尾根取りつき点になる。

尾根に乗ったら右へ。少し登ったところに六合目の石柱がある。近くにベンチがあるので休憩するのもいい。スギやヒノキの林に延びるやや急な道を登る。七合目を過ぎるとやや勾配が緩み、八合目の先で木の根が露出した道になるが、できるだけ踏まないように。

この先に軍畑駅青梅町方面と書かれた古い石柱がある。ここで左に曲がり、軽く登ると九合目の石柱に出合い、穏やかな道になる。すぐに山頂に直登する道と常福院を経由する道の分岐に出る。常福院を経由しても、高水山山頂までの時間はそれほど変わらない。

常福院下まで行き、階段を登る。参拝を終え、本堂裏手からわずかに登れば、すぐに高水山❸の山頂に着く。広いが、展望は得られない。端にはベンチが2台ほどあるが、先行の登山者に利用されている可能性が高い。その先の広場で少し休憩したら、岩茸石山へ向かって尾根道を進もう。

急斜面の道を下る。ロープが張られた箇所もある。下りきったら平坦で歩きやすい道を進む。ブナやイヌブナが茂る、明るい尾根道だ。春にはタチツボスミレやエイザンスミレなどを愛でられる。

展望の素晴らしい
岩茸石山で大休止

岩茸石山直下で道が分岐する。左は山頂を巻いて進む道。右の道を選択して岩茸石山❹山頂を目指そう。急勾配だが、さほど時間はかからない。

山頂は細長く、日当たりや展望に優れている。ベンチの数は少ないが、レジャーシート

⑩高水三山で最も展望に優れた岩茸石山。山頂は細長い台地状になっている。ベンチは少ないのでレジャーシートを持参しよう。⑪惣岳山への下りは岩場もあるので慎重に。ここから40分くらいで惣岳山。⑫落ち着いた道を惣岳山へ。⑬惣岳山山頂に鎮座する青渭神社。広く静かな山頂だ。⑭惣岳山から林のなかを下る

があれば問題はない。好天なら高水山山頂の真上にスカイツリーが見え、奥多摩の山や埼玉方面の山も望める。

山頂から岩混じりで滑りやすい道を下る。下り勾配がきついので十分に注意しよう。下りきると左から巻き道が合流してくる。

ここから細い尾根道を歩く。右側が開けて日差しのいい場所を進むと、惣岳山に直登する道と山頂を巻く道との分岐に出る。ここは頑張って右へ直登しよう。

斜面の急登だが、歩幅を狭くして登れば、道は安定して危険はない。登り着くと**惣岳山**❺山頂。高水山とも岩茸石山とも違う風情だ。

山頂は広く、青渭神社が建っている。金網に囲まれているが、これは野生動物の侵入を防ぐための措置のようだ。山頂全体がスギの大木に囲まれ、厳かな雰囲気が漂っている。

山頂から樹林帯を下る。井戸窪といわれる水場を過ぎ、右方向へ。しめ縄がつけられた木が現れる。しめつりの御神木といわれる大木で、神域と俗世の境界にあたるという。

ここを過ぎ、杉並木が美しい道を楽しみながら歩く。沢井駅への分岐を過ぎて鉄塔脇を抜ける。丸太の階段を下り、慈恩寺の境内へ。青梅線を越えると、**御嶽駅**❻はすぐ。

井戸窪

高水三山の一つ惣岳山にある水場だが、涸れることもある。単純計算だが、体重60kgの人が5時間登山をした場合、1.5リットルの水分が体から失われる。つまり1.5リットル以上の水が必要ということになる。

💧 **水場** 常福院、青渭神社に井戸窪あるが、冬季だと涸れていることがある。必要な物は水を含めて事前に用意しておくこと。

 トイレ 軍畑駅、高源寺、常福院、御嶽駅にある。

●**問合せ先**
青梅市役所シティプロモーション課 ☎0428-22-1111

奥多摩

25 奥多摩から奥武蔵へ縦走する

初・中級

標高	759m(高水山)
	969m(棒ノ折山)
歩行時間	6時間20分
最大標高差	720m
体力度	★★★
技術度	★☆☆

岩茸石山〜棒ノ折山
(いわたけいしやま　ぼうのおれやま)

1/2.5万地形図　武蔵御岳、原市場

登山適期とコースの魅力

	1月	2月	3月	4月	5月	6月	7月	8月	9月	10月	11月	12月
積雪	■■											
		ツルリンドウ										
		フクジュソウ										
				ハナネコノメ								
				アカヤシオ								
				コバタツナミソウ								
						ガクアジサイ						
										紅葉		

展望　岩茸石山山頂からは高水山越しに東京、奥多摩方面、奥武蔵方面が展望できる。
花　ハナネコノメやアズマシライトソウ、ニリンソウ、カタクリ、アカヤシオ、ガクアジサイなどが咲く
紅葉　奥武蔵エリアの紅葉は例年11月中旬過ぎが見頃となる。とくに白谷沢エリアが人気のようだ。

春　花の多くは初春から咲く。この季節だと足元を小さな花たちが埋めてくれる。
夏　できれば避けたい季節だが、白谷沢の清涼感は夏の暑さを忘れさせてくれる。
秋　水の流れと紅葉のコントラストが美しい。
冬　白谷沢沿いの道は凍結することがある。

リピーターが多い歩き応えのある白谷沢

アクセス

新宿駅 → JR中央線特快 25分 → 立川駅 → JR青梅線 50分 → 軍畑駅 → 6時間20分 → さわらびの湯バス停 → 国際興業バス 45分 670円 → 飯能駅 → 西武池袋線急行 50分 490円 → 池袋駅
※新宿駅〜軍畑駅 950円

高水三山を一度歩いた人におすすめのコース。初級者でも歩くことができるが、その前に高水三山を歩いてから挑戦してみよう。棒ノ折山から奥武蔵エリアに入る。山深い場所だが、木々の間からは奥多摩エリアの深い緑が見えている。白谷沢ではきれいな渓谷沿いを登ることになるが、その渓谷美を楽しみながらゆっくり歩くことを心がけよう。

コースガイド
軍畑駅からほぼ北西に稜線を辿る

岩茸石山に登る場合のコースは二つ考えられる。一つが御嶽駅から惣岳山を経由して山頂に行くもの。もう一つが軍畑駅から常福院を経由して行くルートだ。どちらからアプローチしても岩茸石山までの歩行時間に大差はない。ここでは軍畑駅からアプローチするコースを紹介する。

<u>軍畑駅</u>❶を出たら線路を渡り、わずかな距離だが住宅地を進む。すぐに車道に出るので、ここを左へ。必ず右側の歩道を歩くようにしよう。10分ほど歩くと高水山への道標が立つ分岐に着く。ここを左へ。小さな沢に沿って進む。上から見ると清流が流れていること

①スタート地点になる軍畑駅の小さな駅舎。②車道を進んで登山口へ。③ここが登山口。頑張って登ろう。④厳かな雰囲気があたりを支配する高水山直下に建つ常福院

がわかる。

少しずつ勾配が出てくると<u>高源寺</u>❷に着く。ここでひと休みしたら、さらに登山道を登り<u>高水山</u>❸へ。山頂にあるのが高水山常福院龍

⑤棒ノ折山山頂。展望に優れた山頂で、武甲山などのほか北東方面の展望がいい。⑥岩茸石山の山頂。ベンチは少ない。⑦展望には恵まれない黒山。⑧縦走途中には休憩に向いた広場がいくつかある。⑨白谷沢上部のクサリ場

學寺（通称：高水山不動尊）。

　ひと休みしたら山頂からロープが張られた急坂をわずかに下り、明るい尾根道を進んで岩茸石山④を目指す。岩茸石山は細長い山頂で、正面にこれから目指す棒ノ折山が見えている。体力が回復したら出発しよう。

岩茸石山から静寂が広がる
細い尾根道を歩く

　岩茸石山の山頂にある道標に従って、棒ノ折山を目指す。急な樹林帯の道を下ることになるので、岩茸石山で十分に休憩することが必要だ。樹林帯を一気に下る。鞍部まで下ったら、そこから登り返す。その後も軽くアップダウンを繰り返すが、林が深く展望を得ることは難しい。

　それでも時折、木々の隙間から南西方面の展望を得ることができる。眼下に広がるのは大丹波方面の集落のようだ。意外に迫力のあるロケーションだ。

　さらに進むと黒山⑤に到着する。ここから都県境をなす尾根道を進んで権次入峠へ行く。

棒ノ折山から
美しい渓流沿いを下る

　権次入峠にはベンチが置かれている。右下に下る道があるが、ここは左へ。広い登山道を登ると棒ノ折山⑥山頂だ。

　棒ノ折山山頂は広く平らで小さな東屋がある。積雪期でも人気があり、気持ちがいい。展望できるのは武甲山、大持山、日和田山、物見山、多峯主山、天覧山や好天なら赤城山や榛名山まで見える。ここからは沢下りのような歩きになるので、ゆっくり休憩しよう。

ここからがこのコースの
ハイライト部分になる

　山頂でお腹を満たしたら権次入峠まで戻り、岩茸石に向かう。ここを直進する道は一般道でさわらびの湯バス停までは1時間30分で下山できるが、岩場歩きを経験したことのある人は、白谷沢に沿ったコースを下ってみるの

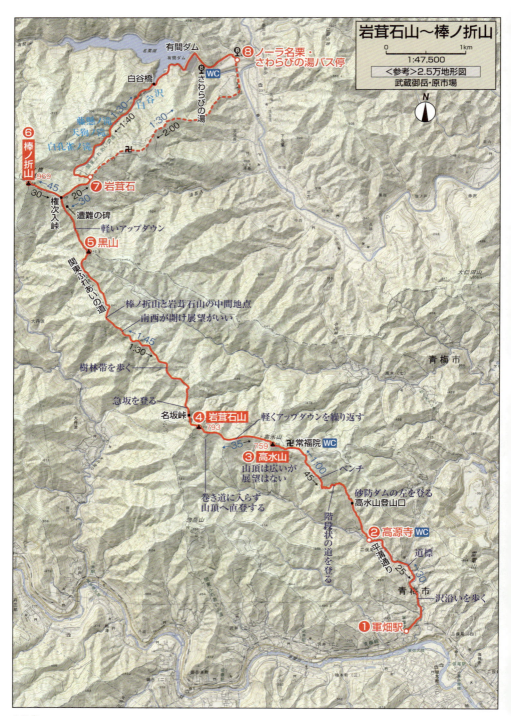

も思い出になるはずだ。ただし、狭い道なので途中で引き返すのは危険になる。下り口まで行って、無理なら岩茸石まで戻って一般道を下ること。

白谷沢を下るときトレッキングポールを使用する人が結構多いが、こうした箇所では邪魔になるだけで、利用価値はほとんどない。ザックにしまうことをおすすめする。ここを下るのに必要なものは両手両足だけだ。

岩茸石から白谷沢に入ってくると、最初に出合うのが白孔雀ノ滝。この滝の脇を抜けて流れ沿いに下る。滑らないように注意しよう。また、流れが急な場合はその轟音で驚くはずだが、流れのなかを下るわけではないので落ち着いて行動しよう。

次は急な階段を下って岩場を歩く。なるべく濡れていない岩を見つけて歩こう。濡れた岩しかない場合は、流れのなかに靴を入れたほうが安全な場合が多い。

次は大きな岩壁の間を下る。下るほうが登

左：白谷沢に流れる小さな滝。水が豊富なエリアだけに小ぶりだが迫力がある。
右：白谷橋の下山口。下山時はここからさわらびの湯バス停に行く

りよりも危険度はアップするので、慎重に。片足が安定してから、もう一方の足を前に出すようにしよう。

藤懸ノ滝の一段上の岩場。ひとしきり下った人たちが休憩している。道標が立つ場所で右に回り込んで進む。ここで白谷沢の渓谷、沢歩きは終了する。

白谷沢下りが終了したら、名栗湖の湖畔を歩いて**さわらびの湯バス停❽**へ。ここから飯能駅まで45分ほどバスに乗る。時間があればさわらびの湯で汗を流して帰るのもいい。

白谷沢

埼玉県飯能市にある名栗湖にそそぐ小さな沢の一つ。この沢の魅力は両側の岩壁が迫って細い渓谷を形成していること。この形状をゴルジュといい、その形が見られるのが白谷沢だ。

水場 高水山手前の常福院に水場があるが、そこから先にはないので要注意。基本的に日帰り登山の場合、必要な水は出発前に用意していくこと。

トイレ 軍畑駅、高源寺、常福院、さわらびの湯にある。

●問合せ先
青梅市役所シティプロモーション課 ☎0428-22-1111
奥むさし飯能観光協会 ☎042-980-5051
さわらびの湯 ☎042-979-1212

高尾

26 | 美しい森と古刹、展望が揃ったミシュラン三ツ星の山

初級

標高	599m
歩行時間	3時間
最大標高差	410m
体力度	★☆☆
技術度	★☆☆

高尾山
たかおさん

| 1/2.5万地形図 | 八王子、与瀬 |

登山適期とコースの魅力

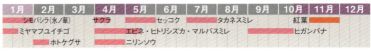

展望 高尾山の山頂からは丹沢山塊、南アルプス、日光方面の山のほか、富士山が正面に見える。空気の乾いた天気のいい日がねらい目。とくに寒さを気にしなければ、冬場は確率が高くなる。
花 山域で鑑賞できる花の種類は多く、タカネスミレやニリンソウ、4月のサクラなどが人気。
紅葉 例年の見頃は11月中旬〜12月上旬。ケーブルカーから眺める紅葉が人気。

春 この季節は花を愛でる散策がいい。サクラや5月下旬のセッコクなど。多くの人が訪れる。
夏 6月中旬〜10月中旬に開催されるビアガーデンが人気だが、山頂で涼を求めるのは難しい。
秋 紅葉の時期には多くの登山客が訪れ、休日には登山道が混雑する。
冬 静寂を求めた登山をするには最もいい季節。ただし、防寒と雪対策が必要。

登山道から眺める東京都内の風景

外国人にも人気が高い 気軽に登れる山

　新宿駅からなら京王線の特急で高尾山口駅まで行くのが最も簡単。また、中央線を利用するなら、高尾駅から高尾山口駅まで歩くことになる。多くの人が歩いているので、迷うことはない。

　歩行距離は2kmほど。30分ほどで歩くことができる。また、往路ではなく帰りにJRを利用する人も多く、夕方には高尾駅は混む。

　首都圏で毎日登山の対象としてまっさきに名前が挙がるのが、ここ高尾山だ。知名度も人気も高く、近年ではインバウンドの人たちも多く訪れる。都心からわずかな時間で豊かな自然に触れられる場所は、世界的に見ても珍しいらしい。

　京王高尾線の終点**高尾山口駅**❶は、まさに高尾山への玄関口。駅を出て、右手に小道を歩くと、すぐにケーブルカー清滝駅前の広場に出る。ケーブルカーを利用すれば50分ほどの登りを省略できるが、アプローチにも、山中でも、それほど時間はかからないので、ここは麓から歩いて登ることにしよう。

左：高尾山口駅前から登山道を歩き始める。軽く準備体操をしてからスタート。右：1号路を登る。最も多くの人に歩かれている道で、表参道ともいわれている。初心者向きの道

高尾　高尾山

113

①高尾山の薬王院。連日多くの参拝客が訪れている。高尾山山頂へは横にある階段登りから。②完全舗装された1号路。初級者でも安心して登ることができる。③歩きやすい参道を進む。④高尾山の仏舎利塔。お釈迦様の遺骨を納める塔。タイ国王室より伝来の釈迦御真身の仏舎利が奉安されている

駅前広場の右手から登山開始だ

　清滝駅前の広場右手から登山道の1号路は始まる。簡易舗装された1本道で、途中には勾配のきつい箇所もあるが、長くは続かないので大丈夫だ。ケーブルカーやリフトが着く霞台園地②までは徒歩約50分の道のり。リフトで霞台まで登るのもいい。空中に浮いている時間はおよそ12分。高尾山を一人占めしているような感覚になり、一気に高尾山ファンになってしまうだろう。

　霞台からは簡易舗装された道が続く。サル園やタコ杉を過ぎて浄心門をくぐる。道の両側に灯籠が立っていて、神域らしいどこか厳かな雰囲気が漂う。男坂と女坂の分岐はどちらを歩いても同じ場所に出るが、男坂は108段の階段登り、女坂はそれを巻いて登っていく道だ。

　男坂と女坂が合流した地点から、見事な杉並木を歩くようになる。薬王院の山門が右手に現れるので境内に入り、薬王院③本堂へ。お参りの後、左側にある階段を登る。登りったところから先は山道になる。広々とした登山道だが、歩く人も少なくはないので、それほど広さを感じない。人の波と歩調を合わせるようにして進むと、あまりアップダウンを感じることなく、高尾山④山頂広場の一角に到着する。山頂下にあるトイレからの登りだけが、やや山の気配を感じるばかりだ。

展望を楽しみ、ランチの後、下山にかかる

　山頂は広々としていて、茶店やビジターセンターなどもあって、にぎやかだ。山頂奥の展望テラスからは富士山や丹沢方面が展望できる。とくに冬の空気が澄んだ日には、すぐそこ、手に取れるかのような近さに見える。休憩をするなら、山頂標識の裏の広場をおすすめしたい。東屋があり、展望にも恵まれていることに加えて、広場の喧騒とは一線を画した静けさもある。

⑤高尾山から眺める富士山。空気が乾いた晴天日なら拝める可能性がある。⑥願叶輪潜。⑦一礼してから階段を登る。⑧南無飯縄大権現の大きな石碑。⑨東屋のある稲荷山山頂。展望はない

　下山は展望テラス左側の階段下りから。かなりの長さで、まっすぐに下りていくので、つまずきでもしたらという恐怖も湧いてくる。ただし、慎重に行動すれば案ずることはない。下り立ったところは5号路が通っている地点。
　ここからは稲荷山コースを下ることにする。階段下りが終わり、広い登山道をなだらかに下るを繰り返しながら、徐々に高度を下げていく。開放的で登山道とは思えないほど歩きやすい。やがて稲荷山山頂の手前からわずかに登るが、東屋が建つ**稲荷山⑤**山頂は近い。
　山頂は多くの登山者で混雑しているが、新宿や池袋の高層ビルも眺められる眺望は素晴らしい。晴れていれば筑波山が見えることもある。休憩するには絶好のポイントだ。
　さほど高低差のない階段を下っていくと、木の根が露出した道になる。広く、木漏れ日が美しい場所。少しだけ岩の上を歩く箇所も現れるが、危険は感じられないので大丈夫。
　歩きやすい登山道の先に、再び階段の下りが現れるが、長くは続かない。途中には小さな旭稲荷がある。階段状の道を下りきると、ケーブルカー清滝駅の脇に飛び出す。その道を右に進めば、すぐに駅前広場に出る。

薬王院

薬王院は真言宗の寺でおよそ1200年前に開山された。正式には「高尾山薬王院有喜寺」という名称だ。現在は成田山新勝寺、川崎大師平間寺とともに真言宗智山派の三大本山として、広く知られている。

水場　水道設備が整った山なので山頂付近にある水道は飲用可能。コース上にある店で水や食べ物は入手できる。茶店ではそばを食べることができる。
トイレ　高尾駅や高尾山口駅、清滝駅、山上駅、高尾山駅、薬王院、高尾山山頂にある。

●問合せ先
高尾山口観光案内所 ☎042-673-3461

高尾

27 初心者にもおすすめの縦走コース

初・中級

標高	高尾山599m / 陣馬山855m
歩行時間	7時間40分
最大標高差	636m
体力度	★★★
技術度	★☆☆

高尾山～陣馬山
(たかおさん　じんばさん)

1/2.5万地形図　八王子、与瀬

登山適期とコースの魅力

	1月	2月	3月	4月	5月	6月	7月	8月	9月	10月	11月	12月
	シモバシラ(氷ノ華)			サクラ		セッコク		ヤマユリ			紅葉	
	ミヤマフユイチゴ											
			ホトケグサ		ミツバツツジ・チゴユリ・モミジイチゴ							

展望 関東の富士見百景に選定され、南アルプスや東京都内の高層ビル群も見える。
花 春にはチゴユリやミツバツツジ、クサイチゴ、クロモジ、モミジイチゴなどの花が観察できる。
紅葉 紹介するコースの紅葉は11月中旬から下旬くらいが見頃。

🌸 足元に咲く小さな花たちに見送られながら縦走を楽しむことができる。最もおすすめの季節。
☀ 高尾山から陣馬山に向かうコースは、外国人旅行者にも人気があり、賑やか。
🍁 気軽に紅葉が鑑賞できる。
❄ 冬枯れの景色がいい。積雪のない時に。

スタート地点の高尾山。無理せずに歩く

アクセス

新宿駅 → 京王線特急 55分 430円 → 高尾山口駅 → 7時間40分 → 藤野駅 → JR中央本線・中央特快 1時間25分 990円 → 新宿駅

東京方面からアクセスするなら新宿駅から京王線を利用するのが最も効率がいい。また、新宿駅からJR中央線を利用するなら高尾駅で京王線に乗り換えて高尾山口駅へ行く。歩行時間を7時間40分と設定した。体力は★★★と最高レベルだが、要所ごとに休憩をして水分とエネルギーを補給すれば歩くことができる。少しでも早くスタートすること。

 ### 外国人にも人気が高い気軽に登れる山

　高尾山はいわずもがな、陣馬山についても、首都圏在住者なら少なくとも一度は聞いたことがある知名度の高い山だが、その間を縦走するこのコースは、歩行時間が8時間近くもかかる、挑戦しがいのある山歩きだ。冬場の展望の得やすい時期だと、昼間の時間をまるまる使うことになるほどだから、山歩きの基本、早出は必須条件だ。

　京王高尾線の**高尾山口駅❶**から出発する。駅を出て右手に延びる小道を歩くとすぐ、高尾山ケーブルの清滝駅前の広場に出る。高尾山を目指す人々が動き始める前、ケーブルカーの運行開始時刻前に登り始めるのに、広場右手の1号路を選択する。

　登っていく道は、簡易舗装が施されて歩きやすいが、途中の金比羅台手前で急登が現れる。金比羅台の広場で、最初の休憩をしよう。

❶ ❷ ❸ ❹

❶高尾山への登山道。体調が悪くなければ高尾山口駅から歩いてみよう。ただし無理は禁物。❷薬王院の参道。次第に厳かな気持ちになってくる。❸伝統と風格が漂う高尾山薬王院。1年を通して参拝客が絶えない。薬王院は行基が天平16年（744年）に開山したといわれている。真言宗智山派の大本山だ。❹高尾山から城山方面に下った地点に建つ細田屋。なめこ汁が人気のようだ。

⑤陣馬山山頂に建つ白馬像。天に向かって嘶く姿が人気のようだ。山頂には2軒の茶店があり、休日には混雑する。⑥広く歩きやすい縦走路。休日には多くの登山者の姿が確認できる。⑦城山に建つ茶店の城山茶屋。⑧広く展望に優れた景信茶屋。昔は横浜方面まで見ることができたようだ。⑨高尾山からの縦走路は比較的、安定しているので初心者でも歩くことができる

　振り返れば、広々とした眺めも楽しめる。
　ケーブルカーやリフトの山頂駅がある霞台には展望台❷がある。その前の道を右手に進む。すぐに左側にサル園、その先にはタコ杉がある。さらに進んで浄心門をくぐり、男坂と女坂のいずれかを登る。二つの道が再び合流し、しばらく歩くと薬王院の門前に出る。本堂に手を合わせた後、左の階段を登っていく。登りきった先からは山道になり、勾配を感じないほどの道が山頂へ向かって延びている。右手に、山中とは思えないほど大きなトイレがあり、その先左にある登り坂をクリアすれば、高尾山❸の山頂広場に飛び出す。
　山頂は広々としていて、茶店やビジターセンターがあり、奥の展望テラスからは富士山や丹沢山塊が望める。空気の澄んだ、晴れた日には最高のごほうびともいうべき絶景だ。ランチを広げるスペースにも事欠かないが、今回の縦走コースではようやく出発点に立っただけといった序盤のポイントだから、小憩の後、陣馬山へ向けて一歩を踏み出す。

高尾山を後に
縦走路に踏み出す

　山頂標識の後方に建つ東屋の脇から、直線的に階段を下る。奥高尾と書かれた道標を直進して登るともみじ台。高尾山頂の混雑を避け、ここで休憩する人も多い。
　ここを通り過ぎて緩やかに下り、登り返せば一丁平。さらに大垂水峠からの道を合わせれば、城山❹に出る。都心部や相模湖方面の展望が見事な、コース2番目のピーク。
　城山からは林のなかを下っていく。薄暗さを感じる道を20分ほど進むと小仏峠に着く。右手に下る道は小仏バス停に通じていて、ここからバスで高尾駅に出られる。コースは長いが、こうしたエスケープルートがあってチャレンジがしやすいのも人気の秘密。

自信がなければ、
ここから下るのも一案だ

　小仏峠を直進し、登りにかかる。滑りやす

117

い箇所もあるので、注意しよう。ジグザグに登って景信山⑤山頂に立つ。高尾山や八王子方面の眺めと、茶店の名物なめこ汁で一服。とくに風が強かったり、気温が低かったりする日には、体の芯から温まり、ほっとひと息つけるはずだ。

北側から北西に延びる尾根道に入る。最初は登り勾配が少しきついが、すぐに軽いアップダウンを繰り返すようになる。樹林帯に延びる広い登山道ではトレランを楽しむ人も多い。堂所山を巻き、底沢峠を過ぎると茶店のある明王峠⑥に着く。

峠からは50分ほど登り下りを繰り返すと陣馬山⑦山頂に到着する。山頂は広く、よくポスターなどにも採用される白い馬の像が建っている。確かに見慣れた像を確認すると、陣馬山まで登ってきたという感慨に浸るだろう。その気持ちを定着させるためにも、茶

左：明るく開けた陣馬山山頂。富士山や雲取山など多くの山が眺められ、茶店が2軒ある。右：陣馬山からの下山路

店でゆっくり過ごす。少しずつ高度を下げていく。畑の脇を下り、採れたて野菜の無人販売所がある。陣谷温泉⑧を過ぎ舗装道路を道なりに下る。陣馬登山口バス停まで歩き、藤野駅までバスで行く。バスは本数が少なく、待ち時間がたっぷりあるという場合も考えられる。藤野駅⑨までは30分ほどなので、歩くのもいいが、途中のトンネル歩きは狭いうえにクルマの通行も激しいので、くれぐれも注意しよう。

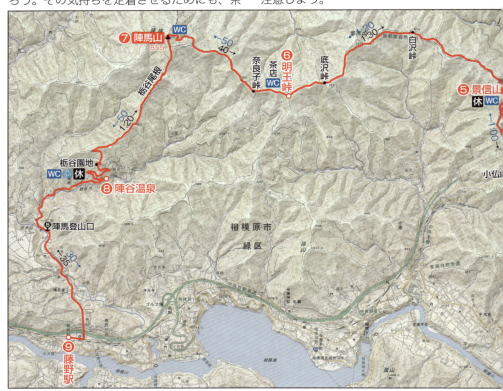

水場
高尾山域を出ると水場はない。5cc×体重×歩行時間＝脱水量という式を覚えておこう。体重60kgの人が6時間歩くと、脱水量は5cc（体重1kgあたりの脱水量）×60（体重kg）×6（歩行時間）＝1800cc。1.8リットルが必要。

トイレ
高尾山口駅、薬王院、高尾山頂駅、景信山、明王峠、陣馬山、藤野駅などに。

● 問合せ先
八王子観光コンベンション協会 ☎042-649-2827
藤野観光案内所ふじのね ☎042-687-5581

高尾山の茶店
高尾山域には何軒もの茶店があるが、どこもそれぞれに個性があって楽しい。そばなどの軽食がメインだ。

高尾山～陣馬山

中央線沿い

28 相模湖湖畔を歩いて登山口へ

石老山
(せきろうさん)

初級

標高	702m
歩行時間	4時間30分
最大標高差	502m
体力度	★★☆
技術度	★☆☆

1/2.5万地形図　与瀬

登山適期とコースの魅力

	1月	2月	3月	4月	5月	6月	7月	8月	9月	10月	11月	12月
	積雪		サクラ			ツツジ					紅葉	
		スイセン			フタリシズカ・イチリンソウ							
						オニヤグラ						

展望 石老山の山中では各所から富士山が展望できる。もちろん山頂からの展望もいい。
花 3月なら登山口までの間でウメの花が楽しめる。山中ではイチリンソウ、チゴユリ、フタリシズカ、フデリンドウなどを観察することができる。
秋 11月中旬〜12月上旬くらいが紅葉の見頃。

春 新緑がきれいな頃に訪れると登山道の端で小さな花たちが出迎えてくれる。
夏 日当たりのいい山でもあるため、汗を絞られる。
秋 登山道から紅葉に染まる相模湖付近の山が眺められる。
冬 厳冬期以外の晴れた日なら登山日和となる。

静かな湖面が印象的な相模湖

アクセス

新宿駅 → JR中央線特快45分 → 高尾駅 → JR中央本線普通10分 → 相模湖駅 → 神奈川中央交通バス7分 240円 → プレジャーフォレスト前バス停 → 4時間30分 → 石老山入口バス停 → 神奈川中央交通バス12分 240円 → 相模湖駅 → JR中央本線普通10分 → 高尾駅 → JR中央線特快45分 → 新宿駅
※新宿駅〜相模湖駅 990円

相模湖駅から歩いて登山口のプレジャーフォレスト前の登山口まで行く設定だが、相模湖駅にバスが停車していたら乗るのもいい。その代わりに下山後は石老山入口バス停から相模湖駅まで歩いてみよう。周囲の山を眺めながら相模湖沿いの道をのんびり歩くことが目的。ただし、下山時に天候が悪かったらバスを利用すること。

場所も、人気も高尾山の陰に隠れたような存在

相模湖駅❶から登るというには、登山口まで少し距離があるという微妙な立ち位置の山だ。とはいえ、登山口までの道すがらは相模湖畔ののどかな散策路になっていて、ウォーミングアップ代わりにもなる。駅前からバスを利用するのも一案だが、その場合は帰路を歩いて駅へ戻りたい。登山口の**プレジャーフォレスト前バス停**❷、下山口の**石老山入口バス停**❻を結ぶバスの本数はいずれも多いので、無駄な待ち時間を過ごす心配はない。

休日には多くの行楽客が目指すプレジャーフォレストは相模湖畔屈指のレジャー施設。石老山の登山口もここにある。駅から相模湖

①プレジャーフォレスト前。②民家が点在するなかを進む。③相模湖休養村キャンプ場。④山道に入る手前のトイレ。⑤この先で登山道へ。⑥ここから山道に入る

⑦稜線に出ると、どこからでも富士山が見える。⑧早朝の石老山山頂。昼には登山者でいっぱいになる。⑨飯綱権現神社を抱えて護る擁護岩。高さ23m、横幅19mの大岩だ。⑩葉が落ちた晩秋の登山道。歩きやすさと展望はこの時期がベスト

畔を歩き、さらに先に進むと、プレジャーフォレスト前バス停から信号を渡ったところで、バス利用の場合のルートと合流する。鳥居の立つ静かな道を進み、田畑も点在するのどかな住宅地をゆるやかに登っていく。道なりに進み、相模湖休養村キャンプ場を横切るように歩くと、石老山の道標が現れる。ここに入るとすぐ右側にトイレがあり、さらに進むとある大明神山・石老山の道標に従って右側の山道に入ると、ここから本格的な登りが始まる。

日差しが届きにくい、苔むした岩が目につく森のなかの道を登っていく。休憩に適した場所はないので、立ち休みを繰り返して登っていこう。

周囲が明るくなると
大明神山展望台は近い

少しずつ明るさが増してくれば、勾配は落ち着き、正面には大明神展望台が見えてくる。スケールは大きくないが、眺望の素晴らしさは抜群で、富士山や相模湖が思いのほか近い。

ベンチで休憩した後は、小さなアップダウンを繰り返す。ほどなく小さな祠が祀られた大明神展望台❸に着く。

木々の間に見え隠れする
富士山の姿が励みになる

木々の間に延びる登山道を進む。階段状の道を登って、さらに下っていくと、右の木々の先に富士山が見え隠れする。階段状の道を登り、明るい登山道を水平歩行すると、その先に石老山❹山頂がある。

山頂は広々としていて、たくさんのテーブルやベンチが置かれている。多くの登山者に親しまれている証しだ。富士山や丹沢の山々などの眺望に優れているので、歩きの疲れも吹き飛んでしまう。時間の許す限りのんびりしたいものだ。

下山は階段状の道を下って、顕教寺方面へ向かう。緩い下り勾配の道を進めば、逆回りで登ってくる多くの登山者とすれ違う。狭い場所では譲り合いながら下り、左手の木の間

⑪融合平見晴台から見た相模湖。奥に陣馬山などが見えている。⑫蓮華岩と大天狗岩。顕鏡寺のシンボルでもある。⑬岩窟。道志法師、源海法師が住居としたという場所だ。⑭顕鏡寺の正面入口。⑮相模湖沿いの遊歩道。明るく展望のいい湖畔の道だ

越しに相模湖が見えるようになれば、融合平見晴台に到着する。標高570mの展望台からは相模湖や陣馬山などの眺めがいい。ベンチもあるので、少し休憩しよう。

　ここから少し勾配のきつい道を下ると、奇岩地帯に入る。一つずつ見物しながら下ろう。八方岩、擁護岩、吉野岩、岩窟など、見た目も、いわれもおもしろい奇岩が揃っている。名前の由来を考えながら歩くと、この山の思い出がより深くなるだろう。

　この奇岩地帯を抜けると、顕鏡寺❺に下り立つ。高野山真言宗に属する古刹で、巡礼の寺として知られている。静けさに包まれていて、身の引き締まる思いがする。

　この先も山道が続いていて、奇岩もいくつか現れるので、下山が終わったとばかりに気を抜かないように。

　相模湖病院前まで下ると舗装道路になり、正面にプレジャーフォレストを見ながら道なりに進む。石老山入口の信号を左に歩けば石老山入口バス停❻。バスで相模湖駅へ。

帰路に駅前まで歩くとなれば、往路より10分ほど長く歩かなければならない。それでも体が温まっているせいか、それほど苦もなく歩ける。

顕鏡寺

源海という僧侶によって開かれた寺。彼は駆け落ちした貴族の子で、両親から一片の割れた鏡を渡されていた。源海はこれを頼りに両親を探し求め再会後、両親が亡くなると「顕鏡寺」を開いた。寺号は両親の形見の鏡に由来する。

　水場　山中に水場はない。そのため事前に用意する必要がある。
　トイレ　相模湖駅、相模湖キャンプ場、顕鏡寺、石老山入口バス停にある。

●問合せ先
相模原市観光協会 ☎042-771-3767
神奈川中央交通バス津久井営業所 ☎042-784-0661

中央線沿い

29 明るく開放的な尾根道歩きが楽しい

初・中級

百蔵山〜扇山
（ももくらやま〜おうぎやま）

標高	1003m(百蔵山)
	1138m(扇山)
歩行時間	6時間15分
最大標高差	827m
体力度	★★★
技術度	★☆☆

1/2.5万地形図　大月、上野原

登山適期とコースの魅力

	1月	2月	3月	4月	5月	6月	7月	8月	9月	10月	11月	12月
	積雪			シャクナゲ			ヤマユリ				紅葉	
					チゴユリ	ヤマボウシ						
						ミツバツツジ						

展望 丹沢と道志の山並みが眺められる。扇山からは富士山側や東京側の展望が開ける。
花 百蔵山山頂にはサクラが植えられていて美しい。扇山ではシャクナゲやミツバツツジが鑑賞できる。
紅葉 例年11月中旬頃が見頃のようだ。1年の締めくくりの登山で訪れる人も多い。

春 百蔵山、扇山とも山頂やその周辺でサクラを鑑賞することができる。晴天日なら展望も広がる。
夏 盛夏は暑いが、展望目的で訪れる人が多い。
秋 紅葉見物を兼ねての山歩きが楽しい。2山を縦走すれば、その思い出は残り続けるはず。
冬 残雪がなければ歩けるが、防寒対策は必要。

猿橋駅からの道や山中には道標が充実

アクセス

新宿駅 — JR中央線特快 45分 — 高尾駅 — JR中央本線各駅 35分 — 猿橋駅 … 6時間15分 … 鳥沢駅 — JR中央本線各駅 35分 — 高尾駅 — JR中央線特快 45分 — 新宿駅
※新宿駅〜猿橋駅 1340円　※鳥沢駅〜新宿駅 1340円

新宿駅から中央線特快で高尾駅まで行き、そこから各駅停車に乗り換えて猿橋駅で下車する。あるいは新宿駅から中央本線の特急を利用して大月駅まで行き、そこから各駅停車で猿橋駅に戻る方法もある。また、新宿駅〜高尾駅は京王線を利用することもできる。自宅から乗り継ぎのいい路線を選択するようにするといい。

コースガイド
富士山の眺めが素晴らしい二つの山へ

猿橋駅❶で下車し、中央自動車道方面へ向けて、駅前を北へ歩く。すぐに陸橋があるので、それを渡り、三嶋大明神の前を進む。すぐ近くの宮下橋西詰の信号で左折し、車道をそのまま直進する。中央自動車道をくぐり抜けたら、突き当たりを右へ行く。百蔵山の道標に従う。

陸上競技場、野球場の前を通り過ぎると、**百蔵山登山口❷**バス停前に出る。ここを右方向に進んでもいいが、紹介するコースは左に進路をとる。すぐに道が分岐するが、ここは右方向へ。住宅街に延びる登り勾配のきつい道だ。息が上がったころに振り向くと富士山

左：猿橋駅。立派な駅舎で一見するだけでは駅に見えない。右：中央自動車の陸橋をくぐって道なりに歩く

舗装道路が登るようになると、左後方に甲州エリアの山並みが広がってくる。もう少し登ると富士山が見えてくる

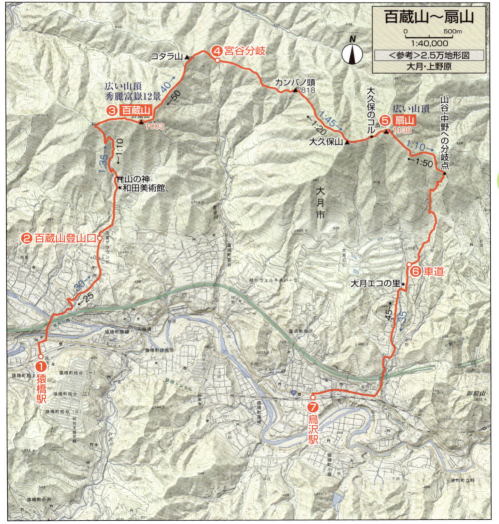

中央線沿い

百蔵山〜扇山

①広く開放的な百蔵山山頂。展望も日当たりも申し分ない。時間の許す限りのんびりしよう。②道が平坦になってくると百蔵山山頂は近い。③百蔵山からは傾斜のきつい箇所があるので要注意。④百蔵山山頂から眺める富士山

が見えている。民家が途切れてくると狛犬のある建物の前に出て、山道が始まる。

ひと登りすると小さな台地に乗る。山の神が祀られている広場だ。ここから日当たりの悪い樹林帯を登るようになる。登山者自らが押す、登山者数を記録するカウンターの前を通る。必ず1人1回押していくようにしよう。

展望のない樹林帯を登っていく。斜面を巻いたりジグザグに歩きながら登る。勾配はそれほどきつくないが、自分のペースを守ることが大切だ。

上空が開けて青空が見えてくると、ベンチが置かれた展望地に着く。晴天なら正面に大きな富士山が広がっている。ここから比較的明るい道を登る。すぐに山頂の稜線に乗ることができる。明るい稜線を軽く登れば、百蔵山③山頂に到着する。

稜線上にある百蔵山山頂は、広く開放的。当然、富士山の展望にも恵まれ、ベンチも数台置かれている。富士山の眺めを堪能したら、再び出発する。

稜線上の山頂は
ベンチがあってそれとわかる

百蔵山からなだらかな尾根道を進む。すぐに分岐がある。コタラ山分岐だ。ここを左へ進む。しばらくは下りが続く。かなり勾配がきつい下りが続くため、転倒しないように注意しよう。岩の多い場所もあるので、そうしたところでは岩に手を置いたり、木につかまったりしながら歩く。ルートがわかりにくいところでは木の枝にテープが巻かれている。

ひとまず下り終わると、小さくアップダウンを繰り返す尾根歩きが始まる。コタラ山の山頂は通らず、巻くように進む。

明るい樹林帯に入ると、宮谷分岐④に着く。ここを宮谷方面に下ると、1時間30分ほどで猿橋駅に戻れる。

宮谷分岐から15分ほどは歩きやすい尾根道が続くが、少しずつ勾配がきつくなってくる。ダラダラとした登り勾配といった感じだ。さらに勾配のある道になり、その状態が続く。

⑤このコースは住宅街や登山道、山頂からいつでも富士山が眺められる。⑥山中の道標は正確で取りつけが安定している。⑦扇山山頂。山頂自体は百蔵山よりも広いようだ。⑧車道に出るまでは樹林帯を下るが、登山道は整備されている。⑨終点の鳥沢駅

　正面に青空が見えてきたら、大久保山だ。

　大久保山から尾根道を東へ。緩やかに下ると大久保のコル。さらに登り返すと扇山❺。扇山も広い稜線上にある山頂で、とても広く感じられる。百蔵山と同様、富士山の展望は素晴らしい。湿度が低く、乾燥した晴天日なら、間違いなく満足する展望が得られるはずだ。山頂の南側にベンチが置かれ、多くの人がランチを食べながら展望を楽しんでいる。

　展望を存分に楽しんだら、扇山から南東に延びる尾根を下る。ほどなく山谷・中野への分岐点に着く。

　この分岐から道標に従って南へ下り始める。尾根道から外れた樹林帯を下る。土の感触が心地いい。最初は道幅が広いが、つつじ群生地を過ぎたあたりから下り勾配が少しきつくなる。その先からは、頻繁にある「鳥沢駅」の道標に従う。多少荒れた箇所があるが、苦にはならない。

　正面に舗装路が見えてきたら、ここで集落に出る。さらに下ると車道❻に出る。そこを渡って舗装された林道のような道を下る。右手に畑が広がり、大月エコの里の敷地前を通る。「鳥沢駅」の道標に従って歩く。中央自動車道をくぐり国道20号線を歩けば鳥沢駅❼。

大月エコの里

「農業」と「いこいの場」を提供する施設。大月市が目指す「自然と共生する環境都市」を目標に、「NPO法人おおつきエコビレッジ」が運営。先人の文化や物つくりの技術を伝承し、持続可能な環境社会の形成を目指している。

💧 **水場** 山中に水場はないので、持参することが前提だ。できれば猿橋駅で下車してからではなく、電車に乗る前に購入しよう。

🚻 **トイレ** 猿橋駅、鳥沢駅のほかルート上にはないが、和田美術館近くにある。

●問合せ先
大月市役所産業観光課 ☎0554-20-1829

中央線沿い　百蔵山〜扇山

中央線沿い

30 初狩駅から登る甲州を代表する山

高川山
たかがわやま

初級

標高	975m
歩行時間	3時間
最大標高差	584m
体力度	★☆☆
技術度	★☆☆

1/2.5万地形図：大月、都留

登山適期とコースの魅力

	1月	2月	3月	4月	5月	6月	7月	8月	9月	10月	11月	12月
	積雪			シュンラン			ヤマユリ			紅葉		
					チゴユリ	ヤマボウシ						
						ヤマツツジ						

展望 高川山山頂は遮るものはなく甲斐エリアの山々を展望することができる。
花 春のチゴユリ、夏のヤマユリのほかヤマツツジも見事。初狩駅から直登できるのも魅力の一つ。
紅葉 春に続き、紅葉期にも訪れる人が多い。やはりアクセスが簡単という理由も多いようだ。

春 最も登山に適した季節。天気がよければ360度の展望が楽しめる。
夏 最も登山に厳しい季節。この時期に登るなら初狩駅からのピストンがおすすめ。
秋 紅葉と富士山のコントラストが魅力。
冬 積雪期は不向き。

高川山山頂。天気のいい日に登山しよう

アクセス

新宿駅 → JR中央線特快 45分 → 高尾駅 → JR中央本線 45分 → 初狩駅 → 3時間 → 田野倉駅 → 富士急行線 7分 → 大月駅 → JR中央本線 40分 → 高尾駅 → JR中央線特快 45分 → 新宿駅

※新宿駅〜初狩駅 1520円　※田野倉駅〜新宿駅 1570円

積雪がなければ一年を通して登ることのできる山。歩行時間は3時間だが、最後の40分ほどはのどかな山里の風景を楽しみながら歩くことになる。コース終点の田野倉駅は富士急行線の小さな駅。振り返ると大きな高川山が見えているはずだ。冬季に登る場合は、事前に積雪情報を得ること。日陰の登山道は凍っていることがあるので要注意。

コースガイド
初狩駅前から登る甲斐の国の名山

初狩駅❶を出たら駅前を進み、最初の十字路を右へ行く。高川山の道標があるので、迷うことはないはずだ。道はすぐに分岐する。ここは右に下る道に入る。JR中央本線の線路をくぐる道だ。そのまま道なりに行くと自徳寺橋に出る。この橋を渡ったら、道標に従って左へ行く。右にあるのが自徳寺だ。

2001年頃、高川山の山頂に住み着いた犬がいた。いつしか「ビッキー」と呼ばれるようになり、登山者が来ると先導してくれた。ただ、人には慣れず、まさに孤高の犬だった。そんな彼女の墓が自徳寺にあり、現在でも多くの人が墓参りに訪れている。

左：静かな初狩駅。ここがスタート地点になる。休日の朝は登山客の姿が多い。右：初狩駅からすぐに住宅街に入る

　自徳寺を過ぎて、日当たりのいい林道に入る。ヒノキの林からアカマツ林に入ると、右に登山者用のトイレがある。その先が**男・女坂分岐❷**だ。ここで男坂と女坂、玉子石ルートに分かれる。どのルートを選択してもいいが、ここでは玉子石ルートを選択する。分岐を直進してヒノキ林を緩やかに登る。すぐに簡易舗装の道になり、登り勾配がきつくなる。

　堰堤のような地点まで登ってくると、そこ

128

①高川山山頂。山頂の岩がイスやテーブル代わりになる。②高川山への立派な道標。矢印に従って進む。③林道脇にある仮設トイレ。④道幅の広い林道を歩いて登山口まで行く。⑤登山道に立つ道標。しっかり取りつけられている

から山道に入る。意外に細い道だ。斜面を巻くようにして登る。

展望を求めて
高川山山頂を目指す

　すぐに小さな台地に乗るのだが、残念ながら展望を得ることはできない。この先で小さなジグザグを繰り返すことになるので、ひと息入れていこう。悩ましいほどの急登ではないので、ゆっくり登ることだけを考えよう。後続の登山者がいたら、迷わず先を譲るようにすれば無駄なエネルギーを消費しなくて済む。展望がないため疲れを感じるかもしれない。午後になると下山する人も多くなるので、すれ違いに注意しよう。

　アカマツ林を抜けると左から女坂が合流してくる。さらに10分で男坂と合流する。道標の後方には富士山が見えているはずだ。しばらく登れば前方が広がり、高川山❸に到着する。南南西方面を眺めると、晴天なら富士山のほか、南アルプスや大菩薩嶺、丹沢山塊、道志の山並みが確認できる。富士山が見える確率は、晴天日でも高くはなく、50パーセントくらいだ。また、山頂は狭いが、一段下が小さな広場のようになっている。山頂標識を確認したら、空いている箇所に移動して休憩しよう。

富士山とたっぷり対話したら
下山しよう

　ゆっくりとランチを楽しんだら、下山にかかる。田野倉・禾生(かせい)方面に下る。山頂から道標に従って急勾配の道を下る。すぐになだらかになり、その後は軽いアップダウンを繰り返すことになる。この後は「禾生」「田野倉」「中谷」方面の道標に従う。下り一辺倒なので両手をフリーにしておくことが大切。ロープが張られた箇所はあるが、岩場などの難所はない。

　涸沢に出たら岩につけられたペンキマークに従う。

　樹林帯に延びる登山道まで下れば、登山道

129

の状態は安定する。石が堆積する斜面を横切ると明るい登山道に下り立つ。禾生の道標が立っているので、それに従う。土の感触が心地いいエリアだ。右に分岐があるが、これは無視して道なりに進む。ここが<mark>林道出合❹</mark>だ。

道標に従って広い林道を下る。民家が見えるあたりに「熊注意」の看板がある。そこから舗装された道を歩くようになる。のどかな田園風景が広がり、緊張感がほぐれてくるのが実感できる。

小さな橋を渡ってしばらく進むと、T字路に突き当たる。このあたりが<mark>古宿❺</mark>になるようだ。左は田野倉方面、右は禾生方面だ。ここは田野倉方面を選択。

畑が広がるのどかな道を進み、リニアモーターカーの実験線をくぐる。その後は田野倉方面の道標に従えばいい。水が豊富なエリアなのだろうか、側溝には勢いよく水が流れている。途中に手打ちうどんの店がある。

クラシカルな建物が見えてくる。昭和61（1986）年に開館した尾県（おがた）郷土資料館だ。当時の都留市内の小学校の様子や昭和初期の人たちの暮らし方などが展示されている。時間があれば立ち寄りたいスポットだ。

尾県郷土資料館前を道なりに進み、桂川を渡って信号を左へ。道なりで<mark>田野倉駅❻</mark>に到着する。可愛らしい駅舎が人気だ。また、サクラの季節なら花吹雪が舞う駅舎を撮影するアマチュアカメラマンの姿を見かける。ここから富士急行線で大月駅に向かう。電車が到着するまで駅前で休憩しよう。

⑥右側にロープが張られているが、これはコースガイド用のもの。頼らないこと。⑦石は滑るので靴先をかける位にすること。完全に乗ると滑って危険。⑧クラシカルな尾県郷土資料館。⑨解放的な気分で田野倉駅を目指す。⑩柔らかい土の感触が心地いい登山道。⑪こぢんまりとした田野倉駅。思い出に駅舎を撮影していこう

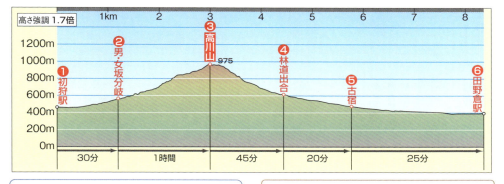

水場
コース上に水場はない。そのため事前に用意すること。スタート地点の初狩駅周辺でも購入できる。

トイレ
初狩駅、登山口、田野倉駅にある。

問合せ先
大月市役所産業観光課 ☎0554-20-1829
都留市役所産業課 ☎0554-43-1111

田野倉駅
富士山に最も近い鉄道として知られる富士急行線の駅。昭和4（1929）年に開業。春にはサクラの花びらが舞う。

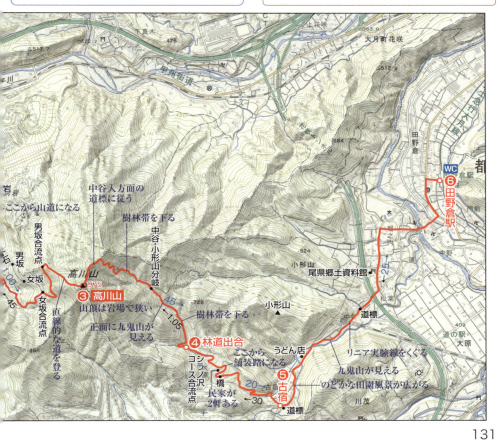

中央線沿い

31 リニアモーターカーの実験線が貫く山

九鬼山（くきやま）

初級

標高	970m
歩行時間	3時間25分
最大標高差	587m
体力度	★★☆
技術度	★☆☆

1/2.5万地形図　大月、都留

登山適期とコースの魅力

	1月	2月	3月	4月	5月	6月	7月	8月	9月	10月	11月	12月
積雪	■■											
				アケボノスミレ							紅葉 ■■	
					ヤマツツジ				ツリフネソウ			
			ヒトリシズカ		アカネスミレ							

展望　九鬼山の山頂からは雲取山や飛竜山、雁ヶ腹摺山、黒岳などが展望できる。
花　春のアケボノスミレやヤマツツジ、梅雨時のアカネスミレ、9月のツリフネソウなどが有名。
紅葉　例年11月中旬頃から始まる。晴れた日に登ればそれほど寒さを感じることはない。

春　禾生駅に降り立つと、まだまだ雪の帽子を被った富士山が出迎えてくれる。
夏　樹林帯を歩くことが多く、盛夏はあまり登山に向いていない。湿度が低い日なら富士山が見える。
秋　多くの九鬼山ファンが訪れるシーズン。
冬　積雪がなければ登ることができる。

山頂から見るリニアモーターカー実験線

アクセス

新宿駅 → JR中央線特快 45分 → 高尾駅 → JR中央本線 40分 → 大月駅 → 富士急行線 10分 → 禾生駅 → 🥾 3時間25分 → 田野倉駅 → 富士急行線 7分 → 大月駅 → JR中央本線 43分 → 高尾駅 → JR中央線特快 45分 → 新宿駅

※新宿駅〜禾生駅 1650円　　※田野倉駅〜新宿駅 1570円

明るく開けた感覚のある九鬼山。ここには古くから桃太郎伝説が語り継がれている。百蔵山で生まれた桃太郎は、上野原の「犬目」で犬、大月の「猿橋」で猿、「鳥沢」でキジを家来にして、九鬼山に棲む九匹の鬼を退治した、という伝説が残る。また、九鬼山に「紺屋休場」という場所がある。藍染工房に勤める職人が仕事帰りに休んだ場所だ。

 コースガイド 実際に乗れるのはいつの日か

　大月駅で富士急行線に乗り継ぎ、10分ほどの**禾生駅❶**で下車。ここからスタートする。駅を出たら国道139号を大月方面に戻るように歩く。15分ほどで落合橋に着く。右に見えるレンガ造りの橋をくぐる。すぐに左へ進む。民家の間を抜けると、右へ道が分岐しているが、ここはまっすぐ愛宕神社を目指す。

　神社で登山の無事を祈願し、登山道を登り始める。10分ほども登ると、左下に何かと話題のリニアモーターカーの実験線が見える。走ってくるのを待ってみようかと思うところだが、本稿の取材時に登山道で会った地元の方によると「60年住んでいるけれど、1回し

左：富士急行線の禾生駅。ここからスタートすることになる。改札内にトイレがある。右：禾生駅近くから眺める富士山

重厚な造りの落合水路橋。ここをくぐって登山口へ。

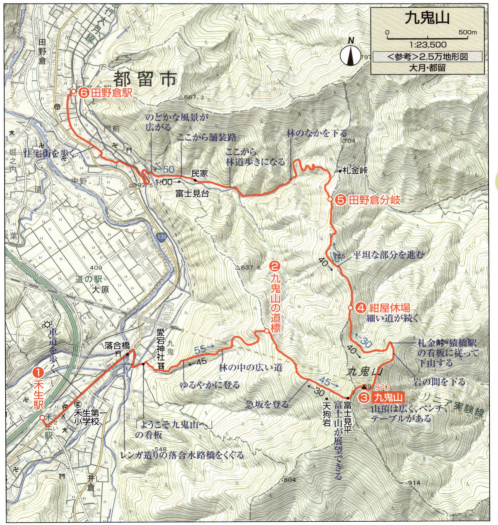

①登山口のすぐ近くに建つ愛宕神社。静かな空気が流れている。②登山道は雑木林のような場所に造られているので開放的。③九鬼山まで50分の道標がある休憩ポイント。広く上方が抜けているので気持ちがいい。④山頂手前。ここを抜けると正面に富士山の姿が広がる

か見たことがないよ」とのことだ。偶然に出会うのは難しい。

　直線的な道がアカマツ林に囲まれてくると、後方の視界が得られるようになる。ジグザグを繰り返すと、道幅が広がり、すれ違いに苦労しなくなる。

　歩き始めて55分ほどで **九鬼山の道標❷** に出会う。ここで稜線に乗ることになる。最初は水平歩行に近いが、15分ほどもすると急勾配になる。岩場ではないが、小さくジグザグを繰り返すことになる。疲れを感じる前に立ち休みをしよう。

　20分ほど頑張ると天狗岩に着く。河口湖方面や中央自動車道が俯瞰できる場所だ。ここからの展望を楽しみながらランチタイムにする登山者もいる。

　天狗岩からまっすぐに登ると、富士山の展望に優れた富士見平に到着する。名前の通りの絶景が楽しめる場所。ベンチが置かれているので、少し休憩するといい。また、山頂が混雑している時は、ここまで戻ってランチを広げるのもいいかもしれない。

九鬼山山頂で展望と
日当たりを堪能しよう

　富士見平で富士山の展望をしっかり楽しんだら、そこから5分ほどで **九鬼山❸** に到着。山頂には木のベンチやテーブルのほか、自由に山のことを書き込めるノートが置かれている。多くの登山者がその景色を絶賛している。二等三角点のある山頂は、北から西にかけての展望が開けている。とくに湯ノ沢峠、黒岳、雁ヶ腹摺山、大樺の頭、飛竜山、大峰、雲取山などが見える。その前が休憩ポイント。レジャーシートを敷いて時間の許す限りのんびりしよう。山頂には木が茂っているので、晴天日は木陰で休憩するといい。「もうちょっといよう」と思わせてくれる場所だが、人気の山なので、後続の人には場所を譲る配慮を持ちたい。

　山頂標識の前を通過し下山にかかる。雑木林から岩の間の急坂を下るが、すぐになだら

⑤九鬼山山頂。それほど広くはないが、明るく展望がいい。⑥多くの登山者で混雑するサクラの頃の山頂。⑦下山道は狭い。田野倉駅の道標に従う。⑧未舗装の林道を歩くようになると田野倉駅は近い。⑨サクラの季節の田野倉駅。花吹雪に包まれてとても気持ちがいい。ここから大月駅へ戻る

かな道になるので大丈夫。頂上から15分ほど下った地点で大きく左へ下る。札金峠・猿橋駅の道標が立っているが、わかりにくいので注意しよう。

下りは転倒に注意しながら
ゆっくり歩く

　尾根道から離れ、斜面を下る。岩場やガレ、ザレ場はないので安心していい。開放的な下りが続く。しかし、道幅の狭い箇所は下り勾配がきつい場合もある。また、登山道が微妙に左右に傾斜しているため、バランスが取りにくくなる人もいるようだ。こうした時に役立つのがトレッキングポールだが、脚力をアップさせるようなトレーニングを日頃からしていれば、問題なくクリアできるはず。トレッキングポールを「魔法の杖」と思う登山者は少なくないが、あくまでも歩行を補助してくれる道具にすぎないということを再認識しよう。

　紺屋休場❹という広場に出る。大月市街が見渡せる休憩ポイントだ。ここで最後の休憩をして林道を進む。田野倉分岐❺を過ぎてしばらく歩くと舗装道路から住宅街に入る。線路沿いに歩けば田野倉駅❻に到着する。レトロ感のある駅舎で可愛いらしい。

煉瓦造りの橋

落合水路橋が正式名称。桂川の水を駒橋発電所に引き込むためのもの。立ち入り禁止だが、この下を抜けて登山口まで行くことになる。歴史と風格を感じる煉瓦橋で、いつまでもこのままで存在して欲しい。

💧 水場　山中に水場はない。必要な物は乗り換えで利用する大月駅で揃えるようにしよう。
🚻 トイレ　山中にトイレはない。禾生駅か田野倉駅のトイレを利用しよう。

●問合せ先
都留市観光協会 ☎0554-43-1111

奥武蔵

32 奥武蔵を代表する低山を縦走する

初級

天覧山〜物見山
てんらんざん　ものみやま

標高	天覧山197m 物見山375m
歩行時間	4時間15分
最大標高差	275m
体力度	★★☆
技術度	★☆☆

1/2.5万地形図　飯能

登山適期とコースの魅力

	1月	2月	3月	4月	5月	6月	7月	8月	9月	10月	11月	12月
	厳冬期			ソメイヨシノ・クサイチゴ					ヒガンバナ			紅葉
			ヤマツツジ		イチヤクソウ				ナンバンギセル			
										ノジスミレ		

展望 低山の縦走だが、意外に展望は良好。天覧山からは大岳山や御前山、高水山が見える。
花 4月にはクサイチゴ、ニガイチゴなど。ニオイタチツボスミレなどが観察できる。
紅葉 例年11月下旬〜12月上旬。低山ながら多くの人が鑑賞に訪れる。

春 3月下旬〜4月上旬がサクラの見頃になる。3月末には「飯能春まつり」が開催される。
夏 紹介する縦走路を歩く人が多い。水分補給をこまめにすること。
秋 色づく木々を楽しみながら歩くことができる。
冬 歩きやすい季節。日没前までには高麗駅へ。

巾着田周辺ではバードウオッチが楽しい

アクセス

池袋駅 →[西武池袋線急行 50分 490円]→ 飯能駅 →[4時間15分]→ 高麗駅 →[西武池袋線各駅 7分]→ 飯能駅 →[西武池袋線急行 50分]→ 池袋駅
※高麗駅〜池袋駅 550円

天覧山から日和田山、物見山を縦走する設定だが、天覧山はスニーカーでも登れるのに対して、日和田山と物見山は軽登山靴で歩こう。というより、日和田山と物見山は軽登山靴での登山が前提になる。日和田山の山頂前後には岩場や急坂があるので注意したい。物見山は危ない箇所はないが、山道であることに変わりなく、軽登山靴のほうが安全だ。

 コースガイド
天覧山までは街歩きの延長のようだ

飯能駅❶から駅前通りを北へ進む。西武線の踏切手前を左へ、線路沿いに歩く。小鹿野方面の道標に従い、飯能第一小学校で左に曲がる。そのまま直進すると能仁禅寺の入口看板前に着く。大きな案内看板に導かれるようにして右の舗装路に入る。天覧山の道標が現れると山道になる。広場を抜け、十六羅漢像に向かう。岩壁に羅漢像がいくつも刻まれている。岩の階段を登ると天覧山❷だ。

山頂は広く、テラスが造られている。ここから明治天皇が近衛兵の演習を観閲したことから、この名前で呼ばれるようになったという。それだけに展望はよく、奥多摩方面の山

左：入口の案内看板で十分にコースを確認してから出発する。
右：右側が岩壁の道を進む。最後に階段を登れば天覧山山頂

並みが確認できる。ここから高麗峠・巾着田方面へ、歩きやすい山道を下っていく。

車道に出たら左へ。西武線の線路をくぐり、中山西の信号を渡って山道に入る。すぐに左へ登り、小さな尾根道を進む。明るく気持ちのいい道だ。道幅が広くなると、ほほえみの丘という広場を抜ける。休憩には最適な場所だ。そのまま直進すれば高麗峠❸に着く。名前はよく知られているが、意外にひっそりと

136

①天覧山山頂は季節を問わず休日には混雑。誰にでも優しい山だ。②天覧山から奥多摩方面を眺める。③天覧山山頂の碑。④高麗峠に向かう樹林帯の道。明るく気持ちがいい

した峠だ。ここで左へ下ると、道なりで巾着田に到着する。

ヒガンバナの時期は
歩行者も渋滞するほど

　古代、高麗から日本へ渡ってきた渡来人が定着したことで知られる巾着田。近くにはそのことを物語る遺跡もあるので、帰りがけにでも立ち寄ってみるといい。

　今日ではヒガンバナで有名になり、秋の彼岸前後のシーズンになると、関東一円から多くの観光客が訪れる。駐車場に入ろうとするクルマで渋滞が発生することも珍しくない。その時期には、歩行者でさえ渋滞に巻き込まれるような状態になることもある。できるだけ早い時間帯に通過してしまうように計画を立てたほうがいいかもしれない。それ以外の季節には落ち着きを取り戻し、地元の人たちのスポーツ公園として機能しているようだ。

　巾着田を横断するようにして鹿台橋❹の交差点へ。ここから日和田山の登山道に取りつく。車道から山道に入って斜面を直登した後、大きくジグザグに登っていく。水場を過ぎると勾配がきつくなり、岩場を越える。この岩場を前にして、足がすくむ人もいるかもしれない。そんな場合でも、少し待てば後続の人が現れることが多い。道を譲り、その人の行動をよく観察してから登ると、意外にすんなりとクリアできるだろう。登り着いて振り返ると、広々とした素晴らしい眺めが目に飛び込んでくる。恐怖心に打ち勝ったごほうびに思えてくる。さらに鳥居を抜けて一段登ると、日和田山❺山頂に着く。東側が開けていて、展望もいい。

　ひとしきり休んだ後、岩混じりの道を下る。下りきるときれいな森を歩くようになり、林道に出る。そのまま直進する。左側にある休憩所は多くの登山者でにぎやかだ。その先で右の山道に入る。物見山の道標

車道を進んで「高麗峠入口」から未舗装の道に入る

⑤ほほえみの丘広場。⑥標高177mの高麗峠。北側の展望が少しある。⑦巾着田に向かう橋。⑧巾着田管理事務所。⑨日和田山。⑩日和田山からの展望。⑪物見山山頂

があるので、見過ごすことはないはずだ。

最終目的地の
物見山へ

　物見山に向かう。ひと登りすると広場のような場所に出る。ここはいつでも一人占め状態で休憩できる穴場的な存在。日当たりも申し分ないので、ここまでランチを我慢するのもいいだろう。

　そのまま登山道を進む。一本道だから迷うことはない。15分ほどで<mark>物見山❻</mark>山頂に着く。展望はなく、静かな雰囲気に包まれている。三角点は山頂からわずかに東へ進んだ地点に建てられている。

　下山は往路を林道まで戻り、来た方向とは逆に歩いて陸橋をくぐる。そこからはそのまま林道清流線をゆるやかに下っていく。登山者の姿もクルマの通行もあまりない道なので、のんびり歩ける。民家が現れると右に日和田山が見えてくる。高麗本郷の信号からは鹿台橋を渡り、道標に従って<mark>高麗駅❼</mark>を目指す。その途中にも水天の碑や高札場跡などがあり、この地域の歴史を存分に感じさせてくれる。

 水場　筆者はこのエリアの水道が使えなかった経験がある。そのため水は事前に用意することが大切。
トイレ　飯能駅、天覧山、巾着田、日和田山登山道にある。

●問合せ先
奥むさし飯能観光協会 ☎042-980-5051

巾着田
きんちゃくだ

埼玉県日高市内を流れる高麗川の蛇行により、長い年月をかけて造られた。その形状が巾着に似ていることから名づけられた。面積約22ヘクタールの川に囲まれた平地。コスモスや菜の花、曼殊沙華（まんじゅしゃげ）などが群生する。

奥武蔵

33 伊豆ヶ岳からアップダウンのある尾根道を楽しむ

初級

標高	851m
歩行時間	5時間55分
最大標高差	680m
体力度	★★☆
技術度	★☆☆

伊豆ヶ岳
いずがたけ

1/2.5万地形図　正丸峠、原市場

登山適期とコースの魅力

	1月	2月	3月	4月	5月	6月	7月	8月	9月	10月	11月	12月
		厳冬期		フクジュソウ					マツカゼソウ・ノリウツギ		紅葉	
			マンサク		ツメバツツジ							
					アカヤシオ							

展望 奥武蔵エリアで人気のある山。山頂からは奥武蔵、奥多摩、丹沢、日光連山が見える。
花 花の百名山に選定された山。その種類は豊富でマツカゼソウ、リョウブ、ノリウツギなどが咲く。
紅葉 紅葉期にも訪れる人が多い。山頂南側の斜面がとくにきれい。子ノ権現天龍寺付近もいい。

春 新緑の頃は山全体が明るいイメージを持つ。ツツジやサクラに彩られる山道は楽しい。
夏 夏でも登山者の数が減ることはない。その魅力は岩場があっても登りやすく明るいからだ。
秋 紅葉目当ての登山も裏切られることはない。
冬 雪がなくても男坂は極力歩かないように。

登山道入口にある安産地蔵尊

アクセス

池袋駅 — 西武池袋線急行 50分 — 飯能駅 — 西武池袋線・秩父線 35分 — 正丸駅 — 5時間55分 — 吾野駅 — 西武池袋線各駅 25分 — 飯能駅 — 西武池袋線急行 50分 — 池袋駅

※池袋駅〜正丸駅 700円　※吾野駅〜池袋駅 620円

池袋駅から西武池袋線を利用するのが最も早い。埼玉方面に居住していたら、自宅から西武池袋線の駅に出るルートを調べておこう。伊豆ヶ岳から吾野駅に下る道の途中にある子ノ権現天龍寺は足腰祈願で知られる寺。下山時にはぜひ立ち寄って祈願しよう。リュックサック型のお守りが販売されているので、お土産に購入するといい。

整備された登山口からアプローチする

<u>正丸駅</u>❶を出たら右へ行き、階段を下る。その後、西武線の線路をくぐり、民家が点在する道を進む。安産地蔵尊を過ぎると登り勾配の道になる。正丸峠分岐を直進。高低差のある登りにかかる。とはいえ、整備された階段を登る箇所が多く、それほど疲れを感じることなく、<u>正丸峠</u>❷に行くことができる。

正丸峠には奥村茶屋があり、登山者のほか、二輪ライダーの姿も多い。この峠はライダーには有名なようだ。そうした人たちと一時会話してみるのも楽しい。奥村茶屋でゆっくり休んだら、正丸峠から稜線を進む。小高山から長岩峠を越えて五輪山に向かうが、山頂手

右：西武秩父線正丸駅。駅前は閑散としている。必要な物は事前に用意すること。左：登山道から見上げる奥村茶屋

木漏れ日が心地いい登山道。森林浴が楽しめる

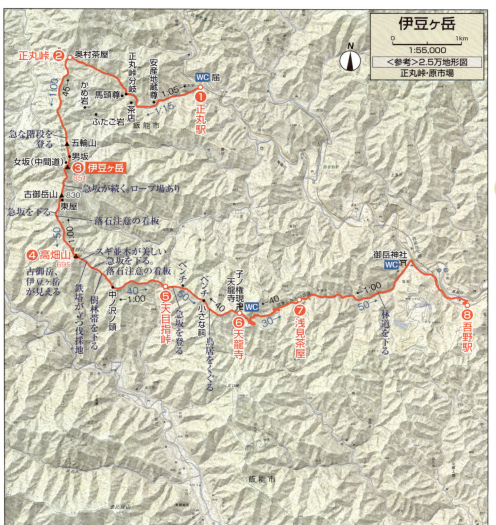

①正丸峠からの縦走路。緑の濃いエリアだ。土の感触が心地いい。②正丸峠に建つ奥村茶屋。登山者と二輪ライダーに愛される茶店だ。③男坂付近から眺める二子山。④男坂のクサリ場。利用できないこともあるので、ここを登る時には事前確認する必要がある。⑤稜線上にある伊豆ヶ岳。時間の許す限りここで過ごそう

前で急階段を登ることになるので、焦らずにゆっくり登ることを心がけよう。五輪山の山頂は平らで広い。ここから大きく下った地点が男坂と女坂（中間道）との分岐点になる。ここは女坂を選択する。男坂はクサリを頼りにして岩場を登るコースだが、2023年に一時通行止めになった。その後も通行止めになることがあるので、女坂を選択しよう。

正丸峠から1時間ほどで伊豆ヶ岳❸に到着する。山頂は細長いが、休憩するには困らない。奥武蔵の山々や奥多摩、丹沢、日光連山、浅間山などが見える。休憩するなら、山頂下に広がる小さな広場がおすすめ。お弁当を広げてゆっくりできる。

伊豆ヶ岳から子ノ権現まで縦走する

ランチタイムを楽しんだら古御岳山に向かう。山頂からわずかに下ったところに分岐があるので、そこを左へ。急勾配のため、ロープが垂らされている。利用しなくても下ることができるが、危険を感じるようなら頼るようにしよう。

その後も細い道を下る。鞍部まで下ったら、ゆるく登り返す。最後に階段状の道を登りきれば古御岳山山頂だ。狭い頂きだが、小さな東屋が併設されている。

古御岳山から斜面を下った後、軽くアップダウンを繰り返す。岩混じりの箇所を下るようになる。石をけり落さないように注意しよう。鞍部まで下り、登り返せば高畑山❹だ。ここの標高は695m。この山頂から眺めると標高851mの伊豆ヶ岳はとても高い山に見える。

高畑山を下り、勾配の緩い道になると前方に鉄塔の立つ伐採地が広がっている。休憩ポイントだ。切株に腰を下ろし少し休憩。

この先で勾配のきつい下りになる。落石を起こさないように行動すること。グループの場合は、一人ずつの間隔を少し開けて下るといいかもしれない。

ここを抜けると、しばらく平坦な歩きが続く。「山火事注意」の看板の先に大きな岩を乗り

⑥送電線の鉄塔が建つエリア。伊豆ヶ岳で最も開けた展望かもしれない。ここが休憩ポイントになる。⑦この稜線の突き当たりが伊豆ヶ岳山頂になる。⑧伊豆ヶ岳山頂に建つ石の山頂標識。標高851mとある。⑨お土産にリュック型のお守りが買える天龍寺。⑩下山口になる吾野駅

越える場所があるが、落ち着いてクリアすれば危険はない。樹林帯に延びる落ち着いた道をゆっくり進めば**天目指峠**❺に到着する。

大きくアップダウンを繰り返して子ノ権現へ

天目指峠には林道が通っており、休憩用の東屋が建っている。登山道は、その林道に下りた地点から始まる。子ノ権現の道標に従って階段をひとしきり登る。道が平坦になると、樹林帯に入る。再び勾配のある道を登るようになると小さな祠が祀られたピークを越えて鳥居をくぐる。

左に下れば**天龍寺**❻の裏手に着く。道標に導かれるようにして正面へ。立派な本堂が印象に残る。ここで販売されているバックパック型のお守りが人気だ。筆者も訪れる度に更新している。

山門のお掃除地蔵から林道ではなく、左の山道を下って林道に合流。**浅見茶屋**❼の看板を目印に進む。

舗装道路に出た箇所に浅見茶屋がある。人気の店で、ここが目的の登山者も多い。そのまま民家がまばらに建つ道を下れば**吾野駅**❽だ。

浅見茶屋

手打うどんと甘味で知られる店。ここで紹介するコースを歩く人のなかでも、浅見茶屋を最終目的地とする人も多い。古民家風の建物も人気の茶屋だ。木・金・土の11時から営業だが売り切れ次第終了。詳しくは☎042-978-0789へ。

●**水場** ルート上に水場はない。そのため事前に用意しておこう。水や簡単な食べ物なら正丸駅で購入することができる。

●**トイレ** 正丸駅、子ノ権現天龍寺、御岳神社、吾野駅にある。

●**問合せ先**
奥むさし飯能観光協会 ☎042-980-5051

奥武蔵

34 秩父エリア随一の展望を誇る山に登る

初級

標高	960m
歩行時間	4時間5分
最大標高差	646m
体力度	★★☆
技術度	★☆☆

丸山
まるやま

1/2.5万地形図　正丸峠

登山適期とコースの魅力

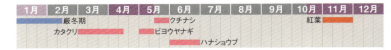

展望　丸山の展望台からは奥秩父、関東平野北部が一望できる。また、晴天なら北アルプスや越後山脈を一望することもできる。
花　ミツマタやセツブンソウ、クチナシ、カタクリ、ウメなどが観察できる。
秋　紅葉の時期にだけ訪れる人の多い山。

春　春の柔らかい日差しの下、小さな花たちが登山道脇に咲く。
夏　登山向きの季節ではないが、多くの人が芦ヶ久保果樹公園村を中心に訪れている。
秋　紅葉を楽しむことができる。
冬　初級者向きのコースだが積雪情報は要確認。

登山途中から眺める武甲山

アクセス

池袋駅 →（西武池袋線急行 50分）→ 飯能駅 →（西武池袋線・秩父線各駅 40分）→ 芦ヶ久保駅 →（4時間5分）→ 芦ヶ久保駅 →（西武秩父線・池袋線各駅 40分）→ 飯能駅 →（西武池袋線急行 50分）→ 池袋駅
※池袋駅〜芦ヶ久保駅 720円
※芦ヶ久保駅〜池袋駅 720円

池袋駅から西武池袋線を利用して飯能駅まで行き、そこから西武秩父線に乗り換えるのが、東京方面から向かう場合は最も効率がいい。池袋駅から特急を利用した場合でも飯能駅で乗り換えること。西武池袋線には、東京メトロ有楽町線や副都心線の電車が乗り入れているため、利用価値は高い。また、東急線を介して横浜方面とも繋がっている。

果実狩りを楽しめる芦ヶ久保駅周辺

芦ヶ久保駅❶で下車したら、国道299号線を左へ歩く。茂林寺の前を通って、農村公園・丸山の道標に従って小道に入る。そのまま進んで、次のT字路を右へ。その後は道なりだが、道標を確認しながら登るようにしよう。芦ヶ久保果樹公園村の中心まで登ってくると、東屋が建てられている。果物狩りのシーズンには、多くの観光客が訪れるエリアだ。

農村公園に入る道を左に見ながら進む。道なりに車道を登ったところに道標が立っているので、そこで鋭角に曲がって登る。武甲山の展望がいい。登り勾配はきつく、やがて左に**登山道入口❷**がある。県民の森2.5kmとい

①スタート、ゴール地点の芦ヶ久保駅。駅付近に商店はないので事前に用意しておくと無難。②ここが県民の森入口。大きな看板がある。③あしがくぼ果樹公園村内の道。収穫時にはたくさんの人が訪れる。④登山者の前が登山口

144

⑤展望のいい丸山山頂近くに建つ展望台。奥武蔵で最も展望のいい場所ともいわれている。⑥県民の森手前の分岐。直進して山頂へ。⑦日向山分岐付近の登山道。天に向かってまっすぐに伸びる木々の道を進む。⑧丸山の展望広場。⑨標高960mの丸山山頂。休憩するなら展望台がおすすめ

う道標が立っている。

　登山道は明るく開放的。すぐに獣害防止用ネットが張られた登山道になるので、ネットが張られた扉は必ず閉めること。

　中央部分がえぐれた登山道を登っていく。日向山分岐❸は右へ。樹林帯の斜面を登る道が続いている。えぐれている箇所が多く、歩きにくい。雨上がりにはぬかるんでいることも多い。

　左側に大棚山などの山々が見えてきたら、高度が上がってきた印。細い登山道から山道とは思えないくらい広い道になる。まるで大きな神社の参道のような場所だ。ここを抜けると、短いが急坂の登りが始まる。さらに直線的な登りが続標く。

　細い林道を渡り、階段状になった土の道を登る。ひと登りすると再び林道を渡ることになる。直線的な道を登りきると林道を経て出会いのテラス❹に出る。

　ここから丸太で組まれた階段を登る。ひと登りで県民の森❺に着く。入口に案内看板がある。

　ここから展望広場（丸山）と書かれた道標に従う。登山道から県民の森を見ながら進むと、展望台のある丸山山頂❻に到着する。

展望の素晴らしい
山頂での時間を楽しむ

　さっそく展望台に登ってみる。その名にふさわしく、北東から南西にかけての山々が見渡せる。とくに武甲山と両神山の姿が印象に残る。展望盤もあるので、見比べながら確認するのも楽しい。

　時間がとれるなら、県民の森を散策しながら休憩ポイントを探すのもいい。園内には東屋やトイレもあり、便利だ。

　丸山の展望台で眺めを楽しんだら、下山にかかる。展望台下の山頂標識を正面に見て、左へ行く。大野峠へ下ることになる。

　明るい尾根道を進むと鉄塔が現れる。その金網に沿って直線的に下る。斜面を進むと左側が樹林帯の直線道になる。ここを進み、大

⑩下山途中に通るパラグライダー発進所。広がりのあるロケーションが魅力だ。⑪大野峠。山道から舗装道を渡って山道に入るが、広いので休憩向きの峠だ。⑫大野峠から樹林帯に入り、ゆっくり下る。危険箇所はないが、道が荒れていることがあるので注意しよう。⑬高度が下がってくると集落が広がる。⑭国道299号の歩道を歩いて芦ヶ久保駅に戻る

野峠の道標に導かれるようにして右へ。林のなかを抜けると突然、前方が開ける。パラグライダーの滑空場所で、高度感がものすごい。見ていると、次はあの空に挑戦したくなってくるから不思議だ。

　ここから丸太の階段を下る。すぐに東屋が見えてくる。ここが**大野峠❼**で東屋が建っている。峠の標柱は東屋の先にある。

　芦ヶ久保駅へは東屋前で林道を渡り、そのまま斜面の道に入る。木漏れ日が心地よく、樹林帯をジグザグに下る。ところどころに岩の露出した箇所もあるが、危険を感じる道ではない。小さな流れには細い丸太が橋代わりに渡されている。バランスをとれば大丈夫だが、直接流れを渡ってもいい。

　その後は斜面を巻くようにして進む。橋を渡り、どんどん高度を下げる。下方に集落が見えてきたら下山口はもう近い。集落の後方には武甲山が見える。

　国道299号合流点❽に出たら右へ歩き、**芦ヶ久保駅❶**を目指す。国道には歩道があるので、必ずここを歩こう。芦ヶ久保駅まで戻ったら駅の一段下に道の駅があるので、電車の時刻をにらみながら利用するといい。

芦ヶ久保果樹公園村

登山道がスタートする芦ヶ久保果樹公園村は、12軒のフルーツ農家で構成されている。1月上旬～5月中旬はイチゴ、7月上旬～8月中旬はプラム、8月中旬～10月中旬はにはブドウが収穫できる。周辺には食事処の「あしがくぼフルーツガーデン」がある。

水場　ルート上に登山者用の水場や湧き水などはないが、埼玉県民の森に水道がある。しかし、冬季などは元栓が閉まっていることもあるようだ。

トイレ　芦ヶ久保駅、県民の森（冬季閉鎖）にあるが、それ以外にはない。

●問合せ先
横瀬町振興課　☎0494-25-0114
埼玉県民の森　☎0494-23-8340

奥武蔵　丸山

秩父

35 削り取られた斜面は痛々しいが
山頂からの展望は抜群

初級

標高	1304m
歩行時間	6時間10分
最大標高差	1054m
体力度	★★★
技術度	★☆☆

武甲山
ぶこうさん

1/2.5万地形図　秩父

登山適期とコースの魅力

	1月	2月	3月	4月	5月	6月	7月	8月	9月	10月	11月	12月
積雪	■■											
			セツブンソウ									
				ニリンソウ								
				アカヤシオ								
						ミヤマハコベ・ウツギ						
										紅葉		

展望 武甲山山頂からの展望は雄大で眼下に秩父市街が広がり、後方には秩父の山が見える。
花 山肌が削られ痛々しさを感じるが、意外に花は豊富でウツギやヤマツツジ、ミヤマハコベが咲く。
紅葉 意外に紅葉はきれいで、イチョウやモミジなどを鑑賞することができる。

🌸 武甲山の麓にある羊山公園の芝桜が美しい。この時期は地元の人たちで混むようだ。
☀ 盛夏は山中は暑く登山向きではないが、夏休みを利用して多くの人が訪れている。
🍁 最も登山向きの季節。展望が楽しみ。
❄ 年末から2月末頃までは積雪情報をチェック。

三十一丁目の丁目石。信仰の山の名残だ

アクセス

池袋駅 →（西武池袋線急行50分）→ 飯能駅 →（西武池袋線・秩父線45分 ※池袋駅〜横瀬駅 770円）→ 横瀬駅 →（6時間10分）→ 浦山口駅 →（秩父鉄道7分 240円）→ 御花畑駅 →（5分）→ 西武秩父駅 →（特急ちちぶ1時間22分 ※西武秩父駅〜池袋駅 運賃・料金1700円）→ 池袋駅

横瀬駅からタクシーで一の鳥居まで行く人が多いが、できれば横瀬駅から登山口まで歩いてみよう。道沿いには武甲山を削ってセメントに加工する工場が並んでいる。工場から粉塵が舞うのだが、一度は歩いて、その実際を目の当たりにしてみよう。歩く際には必ずマスクを着用しよう。途中には登山者用の休憩所やトイレが設けられている。

私たちの生活を支える
山の現実を目の当たりに

　横瀬駅❶からタクシーで登山口の一の鳥居へ向かうのが定番だが、今日はセメント工場が並ぶ、石灰石採掘場の武甲山ならではのたたずまいを眺めながら歩いてみよう。ただし、歩いていく道路には、工場から排出される粉塵などが飛んでいる場合も多い。ここを歩く際にマスクは必需品。精密機械であるカメラの本体やレンズのなかに砂埃などが入ると故障の原因になるため、それらはバックパックに入れておくことをおすすめする。

　横瀬駅を出たら、西武線の線路沿いの道を芦ヶ久保方面に歩く。しばらく歩くと線路から離れて南に延びる道に入る。信号は直進。

左：スタート地点になる横瀬駅。ここから歩き始める。
右：鳥居が建つ登山口。駐車場を抜けて山道に入る

SF映画のような 光景が広がるセメント工場

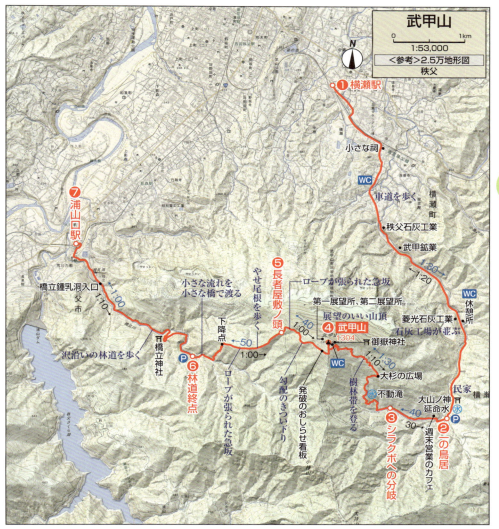

①武甲山山頂から秩父方面を見下ろす。その奥には浅間山が見えている。②登山口から40分ほどの場所にある水場。③斜面が崩落した箇所には木橋が造られている。④空に向かってまっすぐに伸びる木々がきれいな森を登る。⑤シラクボに下りる分岐点。ここは直進して尾根筋を進む

　このあたりまでくると大型トラックの往来が多くなる。前述の通り、この道には武甲山から採掘される石灰岩を原料にした工場が並んでいるからだ。その工場地帯の先に登山口の一の鳥居がある。

　通りを歩いていると見たこともないような大きな機械が動いたり、道路を挟んだ工場と工場の間に巨大なベルトコンベアーが設置されていたりする。まるでSF映画を観ているようで興味深い。トラックの通行に注意しながら歩いていくと、左に登山者用に造られた休憩所とトイレがある。そこのベンチに座って武甲山を見上げると、山肌が削られているのがよくわかる。

　いつまで武甲山は削り取られるのだろう？などと考えているうちに一の鳥居❷に着く。

　一の鳥居をくぐり樹林帯に延びる登山道を進む。武甲山の道標に従えばいい。道が大きく左へ曲がるところにある右に登る階段が武甲山への道。階段が終わると山道に入る。道が崩れた箇所には橋が架けられている。シラクボへの分岐❸を過ぎると小さな祠が安置されている不動滝に着く。滝の下が水場になっている。不動滝から先に進むと木の橋があり、そこを渡ると少し登山道が広がる。武甲山御嶽神社の道標が立っている。

　急勾配の道を登るようになると深い森に入る。道の両側に張られたロープはつかまるためではなく、登山道と森林の境界を示す。

　勾配が増してきて、立ち休みを繰り返すようになる。正面に広場のような場所が現れたら、そこが武甲山❹の山頂だ。

いつまでものんびりしたい
武甲山の山頂

　正面に鳥居が見える。御嶽神社だ。左にはトイレがある。この山頂広場は、春になるとカタクリの花が観られることでも知られていて、観光客も多く訪れる。展望台は御嶽神社を越えた先で、右奥が第二展望所、左奥が第一展望所だ。とくに印象に残るのは、第二展望所から眺める、採掘が進む武甲山の姿だ。

⑥下山道の終点付近は沢を渡る箇所がある。なるべく板の上を歩くようにしよう。⑦武甲山の山頂に鎮座する御嶽神社。立派な鳥居の左奥が展望に優れた第一展望所になる。⑧武甲山の山頂。フェンスで囲まれたところが展望台になる。ランチは本殿前の広場で広げよう。⑨歩きやすい斜面の道になると林道終点は近い。⑩秩父鉄道の浦山口駅

　ランチタイムは第一展望所で。展望に優れていて、北アルプスや浅間山などが展望できる。眼下には秩父市街が広がる。休日には混雑するが、時間の許す限りのんびりしたい。

　山頂からは秩父鉄道の小ぢんまりとした浦山口駅へ向かう。5分ほど下ると分岐に出る。ここを大きく右へ行くのだが、そこの分岐に「発破のお知らせ」の古い看板がある。石灰岩を採取するために山容が変形した武甲山の歴史を垣間見るような気持ちになる。

　この分岐を右へ。斜面の細い道を下る。多くの登山者に踏まれた道は滑りやすい。下り勾配もきつく、立木に助けを求めなければならないことも多くなる。

　道標らしきものが見えてくる。ここが**長者屋敷ノ頭❺**だ。鉄でできた道標は錆びているが、文字は判読できる。立ち休みをしたら「橋立に至る」という文字に従って、細い尾根道を行く。下り勾配が安定すると道も広くなる。正面に赤い道標が見えてくる。ここはこの標識に従って浦山口駅方面に進路を変える。

　武甲山への道標を過ぎると小さな沢と出合う。これに沿っていくと小さな木橋を連続して渡る。ここを抜けると**林道終点❻**。ここからは橋立川沿いを歩いて**浦山口駅❼**へ。

橋立鍾乳洞

下山途中、浦山口駅の手前にある鍾乳洞。秩父札所34ヶ所28番の石龍山橋立堂に隣接している。埼玉県唯一の観光洞窟として人気がある。洞内の3分の2以上が竪穴という珍しい鍾乳洞。埼玉県の天然記念物に指定されている。

💧 **水場**　一の鳥居近くに延命水、登山途中に不動滝の水場があるが、事前に用意していこう。乗換駅で購入できる。

🚻 **トイレ**　横瀬駅、横瀬駅から一の鳥居に向かう途中、武甲山山頂、浦山口駅にある。

● **問合せ先**
横瀬町役場振興課 ☎0494-25-0114
秩父丸通タクシー ☎0494-22-3633

秩父

36 奥秩父一帯で信仰を集める名山に登る

初・中級

標高	1080m
歩行時間	5時間30分
最大標高差	770m
体力度	★★☆
技術度	★☆☆

秩父御岳山
ちちぶおんたけさん

1/2.5万地形図　三峰

登山適期とコースの魅力

	1月	2月	3月	4月	5月	6月	7月	8月	9月	10月	11月	12月
	積雪期	残雪		新緑		梅雨		夏山		秋山	紅葉	晩秋
		ミツマタ		アズマイチゲ			ラショウモンカズラ					
		ハナネコノメ		カタクリ		サラサドウダン						

展望 山頂からの展望は申し分ない。山頂には祠と釣鐘があり、自由にその鐘楼を鳴らすことができる。
花 春の訪れを告げるミツマタが印象に残る。また、ミツバツツジやカタクリの花が観察できる。
紅葉 例年11月中旬〜下旬が見頃。

🌸 登山口の贄川（にえがわ）宿はカカシの町として知られるところ。春の光を浴びたカカシの姿がかわいい。
☀ 夏山登山向きの山ではないが山頂はさわやか。
🍁 最も歩きやすい季節。
❄ 積雪情報を的確に仕入れることが大切。

駅を下りると目の前に山岳風景が広がる

アクセス

池袋駅から西武秩父駅までのアクセスに時間がかかる。池袋駅から西武秩父駅まで西武鉄道の特急を利用すると1時間17分ほどで行くことができる。全席指定なので、ゆっくり体を休めることもできる。三峰口駅近くに食事処はあるが、登山に必要な物が購入できるような店はない。西武秩父駅での乗り換え時に揃えるようにしよう。

高峰連なる奥秩父の前山を目指す

　秩父鉄道の列車は秩父の市街地を抜けるとずんずん奥秩父の山の麓に分け入るように進む。いよいよ山に突き当たりそうになったところに終点の**三峰口駅❶**がある。
　駅を出たら、駅前の駐車場の前を白川橋方面へ進む。この橋を渡り、国道140号線を秩父・長瀞方面に戻るように進むと前方に陸橋が見えてくる。これを渡り、国道から左に入る脇道を進む。すぐに見えてくる建物は登山者用のトイレで、ここが**登山口❷**になる。ここにはカカシが座っている。登山口のある贄川宿はカカシの里として町おこしをしている。その一環で飾られているものだ。

上：三峰口駅をスタートして見える秩父御岳山方面の山容。
右：秩父三峰山登山口の贄川宿。案山子が見送ってくれる

実質的な登山口。ここにもユーモラスなカカシがいる

①高度が上がると麓の集落や近隣の山並みが見えてくる。②奇形な墓石が並ぶ「即道の墓」③鉄塔沿いの登山道は若干勾配がきついのでゆっくり登ろう。④展望のない樹林帯をクリアすると次第に上空が明るくなってくる。⑤細い稜線に乗った地点に秩父御岳山への道標が立っている。ここから山頂まではわずかな時間で登ることができる

　ここから矢印に従って進むと、正面に畑が広がってくる。ここでも数体のカカシが出迎えてくれる。どれもユニークな表情をしていてかわいらしい。登山口の看板とカカシに見送られて山道に入る。
　上方に鉄塔が見えてくる。そこに向かって登山道を直登。振り向くと眼下に麓の集落が見える。ここから日当たりの悪い樹林帯に入る。滑りやすいので、注意しよう。すぐに一番高岩の道標に出合う。道標の10mほど先にあるのが一番高岩で、麓の集落が見下ろせる。ピンクテープに導かれるようにして登ると二番高岩だ。一番高岩よりさらに高度感のある展望が楽しめる。
　木の幹に取りつけられた道標に従って進む。右上に猪狩山から下ってくる尾根道が見えてくる。前方が明るくなれば タツミチ❸ で、猪狩山からの尾根道が合流する地点だ。休憩できるようなスペースはないので立ち休みをしよう。木の根が露出した道をひと登りして猪狩山からの尾根に乗り、岩が露出した道を進むことになるので慎重に。

辛さを忘れさせてくれる素晴らしい展望

　いったん尾根から外れて斜面を登る。登り着いた地点から再び尾根歩き。木の根と岩が絡み、つま先を引っ掛けそうになる。しばらく進むと右上の林のなかに祠が見えてくる。ここが 秩父御岳山❹ の山頂の一角。そのまま進み、ベンチが置かれた分岐を右へ登れば、すぐに山頂に到着する。
　山頂には、先ほど見えた祠が建ち、小さな釣り鐘がある。思いきり叩くと、厳かな鐘の音が秩父の山間に響き、身が引き締まる。山頂からの眺めは雄大で、両神山や奥秩父の山並みが手に取るように眺められる。
　山頂からベンチのある分岐まで戻り、細い尾根道を右へ下る。しばらく下ると左右にロープが張られた道になる。軽いアップダウンを繰り返しながら歩く。土の道から岩尾根になる。危険度はこれまでと同等か、それ以上。

⑥秩父御岳山の山頂。小さな祠と鐘楼、それを守るようにして狛犬の像がある。展望は申し分なく、耳が痛くなるくらいの静寂が味わえる。鐘楼は自由に打ち鳴らすことができる。⑦下山道には細い尾根道があるので注意したい。⑧特徴的な形の両神山が見える。⑨下りは勾配のきつい箇所も多いのでゆっくり行動しよう。⑩下山途中の道標。広い場所なので休憩するには最適

転倒すると骨折する危険性もあるので、慎重に行動しよう。やがて道幅が広がってくれば、林道出合に下り立つ。

　ここで階段を登り、再び尾根に乗る。樹林帯の下りではピンクテープを頼って歩く。その先にある大きな反射板の周りは、そこだけ木々が伐採され、展望が開けている。眼下には奥秩父もみじ湖が広がり、振り返ると先ほどその山頂に立っていた秩父御岳山も見える。

　展望を楽しみながら、しばらく休憩しよう。ここからは杉ノ峠への道標に従う。ロープが張られた道を下り、下方に道標が見えたら、そこが**杉ノ峠**❺。木々に囲まれ、静かな時間が流れている。かたわらには祠が祀られた大木がある。思わず手を合わせたくなる。

　杉ノ峠からは強石への道標に従って歩く。斜面が崩落した箇所がある。ロープが張られているので、慎重に。下り勾配がきつくなる。足元に注意しながら下山口へ。

　ここから林道を下ると、すぐに舗装道路に出る。強石バス停まで1kmの道標が立ってい

る。のどかな集落を抜けた先で国道140号に出る。**強石バス停**❻からはバス利用。あるいはさらに歩いて三峰口駅まで戻るのもいい。所要は30分ほど。このコースを歩いた人だけが味わえる、おまけのようなお楽しみだ。

カカシ

三峰口駅を出て登山口までの間にたくさんのカカシが置かれている。登山者を導いてくれるような存在だが、それぞれに表情がある。ユーモラスな顔や登山者を見つめる優しい顔など。緊張した心が一時ほぐれるようだ。

💧 **水場**　ルート上に水場はないので、事前に用意すること。
🚻 **トイレ**　三峰口駅、登山口にある。

●問合せ先
秩父市役所観光課 ☎0494-25-5209

秩父

37 宝登山山頂からスタートする縦走路

初級

標高	497m
歩行時間	3時間30分
最大標高差	360m
体力度	★★☆
技術度	★☆☆

1/2.5万地形図　鬼石

長瀞アルプス
（ながとろあるぷす）

登山適期とコースの魅力

1月	2月	3月	4月	5月	6月	7月	8月	9月	10月	11月	12月
ロウバイ					ハナビソウ					紅葉	
		フクジュソウ									
				ツツジ							

展望 宝登山山頂からは武甲山や両神山などの山々が展望できる。
花 宝登山で最も知られているのが1月中旬に咲くロウバイの花。その後に咲くのがフクジュソウ。
紅葉 11月上旬～下旬が紅葉期だが、中旬を過ぎた頃が見ごろ。

春 初春でも天気に恵まれれば、ポカポカ陽気の宝登山を楽しむことができる。
夏 盛夏はあまり登山には向かない。
秋 紹介する縦走コースは楽しく歩くことができる。
冬 厳冬期でも天気がよければ縦走路は楽しい。この時期は意外に歩く人が多い。

山中は手入れされ歩きやすくなっている

アクセス

池袋駅 → 東武東上線快速急行 1時間10分 → 小川町駅 → 東武東上線 20分 → 寄居駅 → 秩父鉄道 20分 480円 → 長瀞駅 → 3時間30分 → 野上駅 → 秩父鉄道 25分 510円 → 御花畑駅 → 5分 → 西武秩父駅 → 特急ちちぶ 1時間22分 → 池袋駅

※池袋駅～寄居駅 920円
※西武秩父駅～池袋駅 1700円

東京方面からは池袋駅を起点にしたが、居住している場所から秩父方面へ行く最短コースを調べることが大切。インターネットで検索すれば簡単に調べることができる。西武池袋駅を利用する場合、池袋駅から西武秩父駅までの往復に特急を利用すると、登山の疲労度は軽減される。土・日や休日には混雑するので、事前に切符を購入しておこう。

コースガイド
観光客でにぎわう長瀞駅から出発

長瀞といえば、誰でもすぐに思い出すのが川の流れが長い時間をかけて造り出した岩畳などの渓谷美。約4kmに渡り、国の名勝にも、天然記念物にも指定されている。その流れは荒川の上流部で、このエリアを船の上から楽しめるライン下りも人気が高い。

川の流れが、長い時間をかけて谷を削っている間に、硬い岩盤はそのまま残り、山となるのは、自然の営みそのものだ。それを体感できるのが、川が造った名所として名高い長瀞の流れと並行してそびえる長瀞アルプスだ。

秩父鉄道の列車を**長瀞駅❶**で下車する。多くの乗客が入れ替わる主要駅だから、居眠り

左：長瀞駅前の立派な鳥居。ここから神域に入る。右：伝統と威厳を感じさせる宝登山神社。きれいな境内が印象に残る

山頂までわずか5分で行ける宝登山ロープウェイ

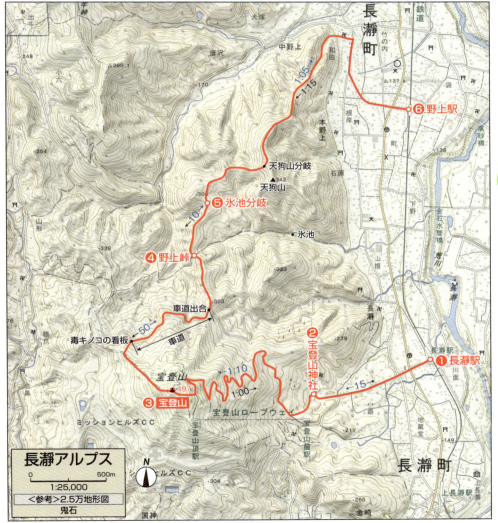

①標高497mの宝登山。秩父連山や秩父盆地、浅間連山が展望できる。②蠟梅園には800株、約3000本のロウバイが咲く。③西暦110年に創立されたと伝わる宝登山神社の奥宮。神聖で厳かな雰囲気に包まれている。④明るい縦走路。この前後も手入れされていて歩きやすい。⑤関東ふれあいの道に選定された縦走路

していても到着したことがわかるほどだ。駅を出ると、多くの観光客はライン下りの乗り場か、宝登山神社へ通じるロープウェイ駅へ急ぐ。宝登山神社まで、観光客と同じようにロープウェイを利用してもいいが、山の高さを感じるため、歩いて登ることにしよう。

　駅前の通りを山に向かって歩く。観光地化された道で、土産物店や食事処が並んでいる。国道を渡った先で、駅前から見えていた大きな鳥居をくぐる。ここから神域に入ったのだろうか、気持ちが引き締まったような感覚になる。直進して**宝登山神社**❷に参拝し、登山の無事をお願いしてから出発する。神社から登山道に入っていく。すぐに宝登山ロープウェイの山麓駅に向かう道が分岐する。

　登山道を登っていく。にぎやかだった神社までとは別世界のような静かさに包まれた道だ。ヘアピンカーブを繰り返しながらの緩い登りだ。植生保護のため、クルマが通らない雑木林のなかの道のところどころで、展望が開ける。山頂手前で左に入るとロープウェイ山頂駅に出る。ここは直進して、宝登山山頂へ向かう。すぐに山頂に到着する。

　宝登山❸の山頂は、山頂を示す標識を中心に台地状になっている。北側の展望は得られないが、南側の展望は素晴らしく、武甲山や和名倉山、両神山などが眺められる。絶景を楽しんでいるうちに縦走の時間が足りなくなることだけには注意したい。

縦走路は宝登山山頂から

　ここから長瀞アルプスに向けての縦走に出発する。道標に導かれて少し勾配のきつい道を下っていく。階段状に整備されていて、比較的スムーズに下れる。その階段下りが終わると、足場の悪い道になる。整備された登山道のありがたさを実感する区間だ。滑らないように注意して歩こう。ここを下りきると林道のような道に出る。そこを右へ進む。毒キノコ注意の看板が目につく。毎年のように、全国各地で毒キノコを食べて死に至る人が出

⑥標高497mの宝登山山頂。広く展望に優れているため、絶好のランチポイントになる。⑦山頂からの縦走路は歩きやすく、老若男女誰でも縦走が楽しめる。⑧写真で見るように、明るく開放的な道が続く。⑨縦走路終点手前。緩やかに下っている。⑩終点の秩父鉄道野上駅。多くのハイカーが起終点に選ぶ駅で、休日には混雑することも多い

る。食用のキノコと毒キノコを見分けるのは容易ではない。まして、山歩きのついでになどもってのほかだ。絶対に手を出さないこと。

道幅が広くなると舗装路に出る。前方に道標が見えてくると車道出合で、長瀞駅方面へ通じる道との分岐点になる。ここは長瀞アルプスの道標に従って、再び山に入っていく。

細い道が続く。小さな尾根を乗り越えるようにして進む。アップダウンが少なく歩きやすい。氷池分岐❺で、本野上へ向かうルートを右に見送り、直進する。少し登り勾配になる。右に曲がると少しアップダウンが出て、もう一度右に曲がると天狗山分岐に着く。ここを直進する。

道幅が狭くなると、まだ若い木の多い林を歩くようになる。長瀞アルプスの道標を右に見ながら進むと、環境整備協力金の募金箱が設置されている。登山道の整備にはかなりの費用がかかるので、感謝しながら募金に応じよう。先ほど整備された登山道のありがたさを実感したばかりでもあるし。

ここを過ぎると下り勾配になる。野上駅❻の道標が見えてきたら、右の林のなかへ。ここを下り、民家の脇に出る。その後は道標に従えばいい。

宝登山神社

秩父三社の一つで火災除、盗難除、諸難除の守護神。初詣、家内安全、厄除、交通安全、開運、商売繁盛の祈願に訪れる人が多い。神社内には本殿、天満天神社、水神社、車おはらい所、「黄金だんご」で知られる茶店などがある。

水場 コース上に水場はない。事前に用意しておくこと。長瀞駅前で水を含めて必要な物を購入しよう。

トイレ 長瀞駅、宝登山神社、ロープウェイ山頂駅、野上駅にある。

●問合せ先
長瀞町観光協会 ☎0494-66-3311
長瀞町観光案内所 ☎0494-66-0307

奥武蔵

38 北武蔵の山深さと開放的な雰囲気を満喫する

初・中級

鐘撞堂山〜雨乞山
（かねつきどうやま　あまごいやま）

標高	鐘撞堂山330m 雨乞山510m
歩行時間	5時間20分
最大標高差	427m
体力度	★★☆
技術度	★☆☆

1/2.5万地形図　寄居・鬼石

登山適期とコースの魅力

	1月	2月	3月	4月	5月	6月	7月	8月	9月	10月	11月	12月
積雪												
スミレ												
ロウバイ												
ヤブツバキ												
カタクリ												
サクラ												
紅葉												

展望 低山の縦走だが、意外に展望は良好で随所で関東平野の広さが実感できる。
花 4月の上旬には鐘撞堂山の山頂はサクラの花びらが舞い、カタクリの花もきれいだ。
紅葉 このエリアの紅葉は11月末〜12月上旬くらいが見頃になる。

春 2月中旬くらいからが本格的な登山シーズンになる。道端には小さな花の芽がでている。
夏 鐘撞堂山を望むことができる大正池には涼を求めて近隣の人たちが訪れている。
秋 コース上の紅葉はきれい。
冬 最も歩きやすい季節。ただし積雪情報を確認。

登山道脇に立つ長瀞八景の説明看板

アクセス

池袋駅 → 東武東上線快速急行1時間10分 → 小川町駅 → 東武東上線20分 → 寄居駅 → 5時間20分 → 樋口駅 → 秩父鉄道20分 390円 → 寄居駅 → 東武東上線20分 → 小川町駅 → 東武東上線快速急行1時間10分 → 池袋駅

※池袋駅〜寄居駅 920円　　　　　※寄居駅〜池袋駅 920円

秩父鉄道沿いの小さな山を結んで歩く。城址があったり展望のいい場所があるので1日たっぷり楽しむことができる。

ただし、天候の悪い日や崩れそうな時は入山しないほうがいい。鐘撞堂山はよく知られた山で登山者は多いが、そこ

から先の紹介コースでは、誰にも会わないこともあるからだ。そのため、ソロではなくグループで入山しよう。

サクラの名所でもある山頂でゆっくりする

寄居駅❶を降り、北に延びる道を歩き始めると左に町役場の建物が見える。その先には体育館があり、その前を右に曲がる。直進して信号に行き当たったら左へ。次の天沼陸橋入口の信号を直進し、閑静な住宅街を緩く登っていく。

大正池に着くと、鐘撞堂山の山頂に建つ展望櫓が見えてくる。目的地が意外なほど近くに見え、歩みが心なしか速くなる。人家が途絶え、未舗装の林道を進む。

鐘撞堂山の道標が立つ分岐を右へ。ここからは完全な登山道だ。竹林を抜けると山頂への道標が立っている。それに従って右に曲が

ると、すぐ階段登りになる。この階段を登りきると鐘撞堂山の山頂だが、階段の段数は100段を超える。途中に山頂の展望櫓下に出る巻き道があるので、こちらを歩くのもいい。

鐘撞堂山❷の山頂は広く、展望に優れている。また、サクラの季節には多くの登山者が訪れている。存分に展望を楽しんだあと、雨乞山への縦走路に踏み出そう。

城跡に続く階段は少しきつい

鐘撞堂山山頂から円良田（つぶらた）あんずの里に向けて、樹林帯を下る。ひと下りで登山道は未舗装の林道に変わる。歩きやすい道を進む。ほどなく舗装路に入り、さらに県道に合流する。ここを右へ50mほど歩いて、行き合う最初

160

①明るく広い鐘撞堂山の山頂。展望櫓が設置されている。サクラの季節が最も人が多い。②円良田あんずの里の看板。コース上にあるものなので、矢印に従う。③虎ヶ岡城址に向かう登山道。④車道から陣見山・榎峠に向かう分岐。⑤電波施設に占領された陣見山山頂。⑥陣見山から榎峠方面へ

の分岐を左折する。民家が途絶えたところで橋を渡り、その先で左に下る道を分ける。ここは右。フェンス沿いの道を登る。

　ハイキングコースの大きな看板の前を過ぎると、左上に尾根が見えてくる。登山道はやがてその尾根に合流することになるのだが、合流点まではかなりの急登が続いている。ようやく尾根にたどり着いたら右へ。直線的な登りの先に、さらに140段ほどの階段登りが待ち受ける。立ち休みを繰り返しながら行く。階段が尽き、斜面を登れば**虎ヶ岡城址❸**だ。

虎ヶ岡城址

円良田城址という別名もある。戦国時代、豊臣秀吉による「小田原征伐」の際に真田昌幸に攻められ落城。1590（天正19）年のことだ。時の城主は猪俣小平範綱。現在、城址には東屋が建ち、ハイカーたちの休憩場所になっている。

歴史の重みを
感じながら縦走する

　戦国時代に築かれ、豊臣秀吉の小田原攻めの際、攻め落とされた虎ヶ岡城址。木々に囲まれ、静かで落ち着いた空気が流れている。展望はさほどなく、円良田湖がわずかに見えるくらいだ。

　早々に出発しようと思うのだが、目指す大槻峠方面の道標がない。木に巻かれたピンクテープが目印だ。すぐに階段を下り、広い森のなかを歩く。並木道のように広い登山道の先で、斜面を下れば大槻峠だ。

💧 **水場**　水場と呼べるような場所はルート上にはない。起点となる寄居駅周辺で必要な物は購入しておこう。

 トイレ　寄居駅、寄居駅北口、大正池、樋口駅にある。

●問合せ先
寄居町プロモーション戦略課 ☎048-581-2121
長瀞町産業観光課 ☎0494-66-3111

ここから正面に見える急斜面を登り返す。途中、ロープが張られた箇所もあるが、慎重に行動すれば問題はない。その後は緩やかに登る。道幅は広く歩きやすい区間だ。右側の路肩に並ぶ木々がロープで結びつけられているエリアに入る。思わず頼りたくなるほどの急勾配になる。まだ、先は長いので焦らずに、自分のペースを守ることだけを考えよう。

ここを登りきった後、いったん下って登り返す。ロープが張られているので、迷わずに頼ればいい。その後、いったん林道に下りる。

仁見山・榎峠の道標に従って進む。すぐに樹林帯の登りになる。ひと登りで **陣見山④** に立つ。テレビの中継施設が大きなスペースを占めていた。展望もないので、山頂の確認をしたら先を急ごう。

周囲が開けた
雨乞山の山頂へ

陣見山から稜線を進む。北側の展望が開けた道から林道に下りる。そこは長瀞周辺の好展望地で、長瀞八景のひとつに選定された場所。ここから榎峠までは急坂を頑張って登ることになる。ロープが張られた箇所もあるので、迷わずに頼ればいい。

榎峠⑤ は林道上の地点で休憩場所には困らない。風のある日なら雨乞山山頂ではなく、榎峠でゆっくり休憩するといい。樋口駅に下る道もここで分岐する。

雨乞山は榎峠から舗装された林道をわずかに登る。山頂の標高は510m。鐘撞堂山よりも200mほど高い。広い山頂からは荒川を挟

⑦雨乞山山頂からの展望。荒川を挟んで対峙する雨乞山よりもわずかに背の高い大平山を眺める。⑧森のなかから舗装道路に下りて榎峠へ。⑨雨乞山から樋口駅に下る道。林道のような道が続く。⑩秩父鉄道の樋口駅。駅前に休憩できるような店はない

162

んで対峙するように大平山が見えている。また、この山頂はパラグライダーの発進場としても利用されている。そうしたことでもわかるように、周囲の開放感は満点。しばらく山頂からの展望を堪能しよう。

下山は雨乞山から樋口駅の道標に従って下ればいいが、できれば樋口駅からの電車の時間を調べておくといい。雨乞山から樋口駅までは1時間ほど。

広い道を下り始める。未舗装の林道がやがて舗装された林道に変わる一本道だ。国道140号に出たら樋口駅❻はすぐ。

房総半島

39 その特異な形状から親しまれてきた房総の名山

初級

標高	329m
歩行時間	5時間15分
最大標高差	320m
体力度	★★☆
技術度	★☆☆

鋸山（のこぎりやま）

1/2.5万地形図　上総湊、保田

登山適期とコースの魅力

展望　特異な形状の岩山からの展望は申し分なく、東京湾越しに富士山や丹沢方面が見える。
花　境内の参道沿いでアジサイを観ることができる。総数20,000株。サクラ、スイセンも有名。
紅葉　見頃は11月下旬〜12月上旬。境内には見どころが多い。山頂付近から見る紅葉もいい。

🌸　観光地的な要素の多い山だけに春にはイベントも多く、家族連れなどで賑わう。
☀　登山向きの季節ではないが、有名な「地獄のぞき」で肝試しする人が多い。
🍁　温暖な気候に恵まれ紅葉期は11月下旬〜。
❄　風の強い日は登らないほうが無難。

浜金谷駅。ここから歩き始める

アクセス

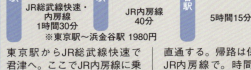

東京駅からJR総武線快速で君津へ。ここでJR内房線に乗り換え浜金谷駅で下車する。土・休日は新宿駅から特急が

直通する。帰路は保田駅からJR内房線で。時間があれば快速電車の始発駅となる君津駅で乗り継ぐと着席しやすい。

また、三浦半島からは久里浜からフェリーで浜金谷港まで行くこともできる。

コースガイド
ロープウェーではなく、自分の足で登る

　内房線**浜金谷駅❶**で下車する。駅を背に、線路沿いに左へ歩く。小さな流れを渡り、ぶつかったT字路を左へ折れる。右に行けば鋸山ロープウェーを利用できるが、自動的に日本寺の西口から境内に入ってしまい、山頂にはたどりつけないので注意。ほどなく天王神社の鳥居が見えてくる。この前を道なりに左へカーブし、内房線をくぐると目の前に三差路が現れる。**観月台コース登山口❷**だ。まんなかの階段を登る。結構な長さで手強いが、途中に休むスペースもないので、立ち休みを繰り返しながら登っていく。登りきったところにベンチがあるので、小休止しよう。

①石切場跡。痛々しい山の姿に心が揺さぶられる。直線的な石の切り出し跡にも、それを覆い隠すように木々が育つ自然の力の大きさに感動する。②石切場跡への分岐。右に登ればすぐだ。③ベンチで休憩して英気を養う

房総半島 鋸山

④観月台から東京湾を望む。川崎から横浜にかけての工場群が手に取るようだ。⑤東京湾を望む展望台からの眺めは素晴らしい。ここで引き返しても十分満足できるはず。⑥山頂までは森のなかを進む。⑦鋸山山頂。記念撮影をするようなスペースもなく、それらしい山頂標識も見当たらない。登山道からわずかに左に登ったところにある地味な印象の頂。⑧北口管理所へは岩の間を抜けるように歩く。

　体が冷えないうちに出発する。ここからは建築資材として重用された房州石の産地らしく、山肌の石になんとなく刻まれたような窪みを足がかりに登っていく。その先に現れる木の階段を登りきると観月台と呼ばれる小広い広場に出る。ベンチも設けられていて、東京湾の眺めが素晴らしい。

　広場の奥にある階段を下る。さらに石段を下りる。海抜150mを示す標識からは再び石の道の登り。標識の立つ日本寺分岐❸を、まず山頂を目指して直進する。

　石や木の階段道を登っていくと、ほどなく石切場跡への分岐に出る。右手に進めばすぐに石切場跡だ。立ち寄ってみるのもいい。

　山頂へはいったん下って登り返す。行く手を阻むかのような大きな岩が立ちふさがり、思わず引き返しそうになるが、右手の階段で、岩を回り込める。車力道との分岐は近い。

　分岐からは先を急ぎたくなるが、この先、東京湾を望む展望台への分岐までは両側に設けられた手摺りを頼りにして登らなければならないような、幅が狭く高さも高い階段道が続く。途中ですれ違うのも難しく、後続の人をやり過ごそうにもままならない難所だ。そのため、車力道分岐では、ぜひ休憩しておきたい。ベンチのありがたさが身にしみる。

展望台からの絶景を堪能しよう

　自分のペースを守ってようやく階段を登りきると、展望台への分岐だ。ここは寄り道をして、右手の道を進む。あっけないほど簡単に到着する展望台は、それまで深い森に遮られ、ほとんど得られなかった展望が、魔法のように開けるところ。条件さえよければ、対岸の三浦半島の突端部や伊豆半島までが見える。富士山が姿を見せてくれれば、最高の思い出になるはずだ。

　心ゆくまで眺めを楽しんだら、山頂へ向かう。道に張り出した木の根や石の角につまずかないように注意して歩く。大きく下って登り返すを2回繰り返した先、階段を登りきる

⑨日本寺屈指の人気スポット地獄のぞき。先端から下をのぞき込むのも怖いが、横から見ているだけでも足がすくむような怖さだ。⑩百尺観音。北口管理所から入ってすぐ左。自分の身長と比べてしまう。⑪日本寺境内にはいくつもの見どころがある。その一つ、十州一覧台。⑫弘法の護摩窟（ごまくつ）。⑬大仏。この前の広場は開放感いっぱい。弁当を広げるのにもいい

房総半島

鋸山

と鋸山山頂❹に着く。狭く、展望もいま一つだから、ピークハンターでなければ、展望台から引き返しても十分だろう。

　往路を日本寺分岐まで戻り、ここを左折する。登りに次ぐ登りで、足が上がりにくくなったころ、寺の北口管理所が見えてくる。

　拝観料を納め、境内に入るとすぐ左側に見どころの一つに数えられる百尺観音。数多くの見どころがある境内を、管理所で配られる案内図を見ながら散策しよう。百尺観音分岐❺から右へ行けば十州一覧台、左折すれば地獄のぞきだ。この二つと大仏は、とくに見逃せないポイント。

　整備された階段とはいえ、再び登るのはかなり体力がいる。百尺観音から地獄のぞきまで階段道を登り、その後は千五百羅漢道、大仏前参道を経由して大仏❻に手を合わせ、仁王門❼をくぐれば、おおむね下りになる。

　日本寺を出た後もひたすら一本道を進み、東口管理所前の駐車場へと登る鋸山観光自動車道との分岐点に出る。ここが表参道入口❽。

ここからは標識に従って海に向かい、内房線のガードの手前を左折する。のどかな遊歩道を、のんびりと歩く。標識に従って内房線のガードをくぐると、保田駅❾に着く。

石切場跡

コースからわずかにそれたところにある、昭和時代後半まで実際に採石されていた現場跡。みごとなまでに直線的な採石の跡が印象的だ。房州石は建築資材として重用され、わが国の屋台骨を支えてきたことがわかる。

 水場　山中に水場はない。浜金谷駅から登山口までの間にもコンビニなどはない。

トイレ　浜金谷駅、観月台先、日本寺境内、保田駅にある。

●問合せ先
富津市商工観光課 ☎0439-80-1291
鋸南町観光協会 ☎0470-55-1683

167

房総半島

40 空気の澄んだ日なら好展望が得られるはず　初級

標高	349m
歩行時間	4時間10分
最大標高差	340m
体力度	★★☆
技術度	★☆☆

1/2.5万地形図：保田、金束

富山（とみさん）

登山適期とコースの魅力

	1月	2月	3月	4月	5月	6月	7月	8月	9月	10月	11月	12月
			ヒメウズ			ヤグルマソウ					紅葉	
			キイチゴ		マムシグサ							
							キツネノボタン					

展望 広々とした山頂広場には展望櫓が設置されている。ぜひ空気が乾燥した晴天日に訪れよう。
花 南房総はビワや花の栽培で知られる場所。ルート上では小さな花たちが出迎えてくれる。
秋 紅葉は11月下旬～12月中旬。
冬 晴天日なら楽しい山歩きが楽しめる。

春 春の訪れは早く、2月中旬過ぎが登山向き。
夏 富山の山頂は日当たりがいいので、盛夏は不向き。この時期に登るなら暑さ対策を考えよう。
秋 関東地方で最も紅葉が遅いエリア。シーズンは11月下旬～12月中旬。
冬 雪がなければ楽しむことができる。

南峰直下の観音堂。左へ回り込むと山頂

アクセス

東京駅 → JR総武線快速・内房線 1時間30分 → 君津駅 → JR内房線 50分 → 岩井駅 → 4時間10分 → 岩井駅 → JR内房線 50分 → 君津駅 → JR総武線快速・内房線 1時間30分 → 東京駅

※東京駅～岩井駅 1980円　※岩井駅～東京駅 1980円

東京駅から岩井駅まで2時間余りかかるので、早朝に出発しよう。土・休日には新宿から特急が直通する。内房線は、その名の通り房総半島の海岸線を走る。そのため、地元の人たちには重要な交通手段になっている。平日は通勤、通学に利用する人が多く、休日には観光客で混む。

コースガイド 名作の舞台を訪ね歩く

岩井駅❶に降り立つと、左手に観光案内所があり、その奥に当地を舞台にした古典『南総里見八犬伝』の伏姫と八房の石像が見える。この前を線路沿いに進み、道路に突き当たったところで、左に踏切を渡る。ここから線路沿いに戻って住宅街を歩くのもいいが、途中で広々とした新しい道路に行く手を遮られるので、車道をそのまま進むほうが、いくらかでも早く山に取りつける。また、岩井駅前から福満寺まではコミュニティバスもある。本数は多くないので、事前に調べておかなければ利用しにくいが、乗車できるならラッキーなことだ。

左：岩井駅。構内には観光案内のカウンターもあって便利。
右：富山中学校への入口。伏姫籠穴は校門の前を右に進む

そのまま道なりに進み、新しい道路を横切り、富津館山道路をくぐる。その先で伏姫籠穴（ふせひめろう）への道が左に分かれるが、ここを直進してさらに進むと、やがて左に**福満寺**❷が見えてくる。この角には見落としがちだが富山への道標もあるので、これに従って左に入る。

寺で手を合わせる。右手にトイレがあり、この前には杖代わりに使える木の棒が用意されている。かえって邪魔になることもあるが、

①北峰山頂広場の展望櫓からの眺め。空気が澄んだ日には遠く富士山もくっきり見える。②登山口にある福満寺。③福満寺のトイレ。ここで杖代わりに借りた木の棒は、使い終わった後、伏姫籠穴の門前にある箱に、必ず返すこと。④麓近くでは道が錯綜している。道標を見逃さないように。⑤うっかり道を間違えると、低山とはいえ、危険な場合も。必ず道標に従うことだ

意外に役立つ場合もある。とくに山頂から反対側の伏姫籠穴に下りる今回のコースでは、下りで役に立つだろう。

トイレの前からいきなり急な登りで、後ろに引き戻されるような感覚に陥るほどだ。しかしほどなく勾配が落ち着いてくる。

一合目、二合目、…と標柱が立てられていて、自分の位置を把握できる。三合目の標柱の先で舗装も途切れ、静かな登山道になる。

五合目を過ぎて、すぐ先の小広い場所にあるベンチは、登り始めてから最初に出会うベンチ。木々に囲まれて展望はないが、ここで小休止するといい。

ほどなく、土の流失止めを兼ねているのか、よく整備された木の階段が連続する登りになる。階段の高さも踏面の幅も一定ではないので、リズムがとりにくいのが残念で、意外に足にくるが、ところどころで立ち休みを繰り返し、要所にあるベンチも上手に活用して登っていこう。

南北それぞれの山頂に足跡を残す

階段を登りきったところが、双耳峰・富山南峰の直下。左手の石段を登ったところには観音堂が祀られ、堂を左に回り込んでさらに登ると南峰山頂に着く。展望台と称する東屋はあるが、木々が茂って名前のとおりとはいかない。早々に北峰へ向かおう。

階段下に戻り、左へ。すぐに四辻に出て、ここを右手に進む。伊予ヶ岳への道を分け、さらに進む。展望台を過ぎ、最後の階段を登りきると、**富山北峰❸**に到着する。展望櫓があり、櫓の上からは、木々に覆われてほとんど眺望がなかった登山道での鬱屈した気分を埋め合わせるかのような360度の大パノラマを楽しめる。

山頂広場は広く、展望櫓のほか、テーブルつきのベンチもある。ここで弁当を広げるのもいい。また、天皇・皇后両陛下が皇太子時

代に登頂した記念碑も建っている。三等三角点のある山頂は、広場を出た帰り道の左手。記念撮影をしてこよう

　四辻まで引き返し、右手の道を下り始める。急勾配の階段もあり、すれ違う登山者は、息を切らしながら登ってくる。

神秘的な異世界に
足を踏み入れる

　ようやく階段下りを終えると、簡易舗装された緩やかな下り勾配の一本道になる。のんびりと歩いていけば、やがて右手に**伏姫籠穴**❹の扁額がかかる門が現れる。これをくぐり、うっそうとした森のなかにしつらえられた階段を登っていく。途中には休憩できるテラスも設けられていて、疲れたら一服できるので安心だ。登りきった先には、『〜八犬伝』の伏姫が籠ったと伝えられる洞穴があり、どこか神秘的な雰囲気に包まれている。

　籠穴からさらに進めば、富山中学校がある。ここで左折すれば、往路でたどった車道に出られるが、建物に沿って回り込むように進み、道標に従って歩くと、富津館山道路をくぐり抜けた左側に広々とした駐車場を備え、地元の産品を品定めしながらお土産を買えたり、地元ならではのグルメを堪能できる道の駅の「**富楽里**(ふらり)**とみやま**」がある。

　帰りの列車の時刻に合わせて、この施設のなかで時間調整をするといい。駅まではのどかな里の道を、ところどころに立つ道標に従ってのんびり歩けば、迷うこともなく30分ほどで**岩井駅**❶に戻れる。

⑥北峰山頂広場に建つ展望櫓。たった一段登るだけで見える景色は大違い。混雑時には待ってでも登りたい。⑦とくに中腹あたりでは、なだらかなアップダウンをのんびり歩ける区間も多い。体力の消耗を最小限にして登りたい。⑧往路の階段はしっかり整備されているが、段の高さが一定しないので、意外に疲れる。体力と相談しながら登っていこう。⑨登山道の脇には石仏が祀られていることも

💧 **水場**	山中にはない。岩井駅周辺にもコンビニなどはない。必要なものは出発前に揃えておくこと。
🚻 **トイレ**	岩井駅、福満寺、富山北峰手前、伏姫籠穴、富楽里とみやまにある。

●問合せ先
南房総市観光プロモーション課 ☎0470-33-1091

伏姫と八房の像

岩井駅を出て左側の奥にある像。この地が舞台の名作『南総里見八犬伝』の世界観に浸れる。

房総半島

富山

房総半島

41 下山後の花摘みで ひと足早い春を体感したい

初級

標高	266m
歩行時間	4時間55分
最大標高差	235m
体力度	★★☆
技術度	★☆☆

烏場山
からすばやま

1/2.5万地形図　安房和田

登山適期とコースの魅力

展望　烏場山第三展望台からは、南房総の山々や伊豆半島、富士山、伊豆大島などが展望できる。
花　南房総の温暖な気候に恵まれ花の産地としても知られている。キンセンカ、ヤグルマソウなど。
紅葉　花嫁街道といわれる登山道はモミジの紅葉が美しく、その時期を狙って訪れる人も少なくない。

春　トレランの大会が開かれたこともあり、休日には山中を走る人の姿も見られる。
夏　大海原を眼下に歩くことができるため、夏休みを利用して首都圏近郊から多くの人が訪れる。
秋　紅葉目当ての登山者が圧倒的に多い。
冬　晴天日に訪れれば楽しく周回できる。

スタート・ゴール地点の和田浦駅

アクセス

房総半島を縦断する路線はないため、電車の場合はアクセスに時間がかかる。そのため時間が取れるなら前泊や登山後に1泊すると時間に余裕が持てる。宿泊するなら、千倉駅(和田浦駅の3駅館山寄り)千倉温泉がおすすめ。半島で水揚げされる魚料理と湯が楽しめる。詳しくは南房総市商工観光部観光プロモーション課☎0470-33-1091へ。

コースガイド アクセスの計画をしっかりと

　房総半島は想像している以上に広い。先端部に近い和田浦駅から出発するこのコースは、思っている以上にアクセスに時間がかかる。行き帰りのアクセスを含めて山歩きの基本ともいうべき、しっかりとした計画を立てることが絶対必要だ。

　房総半島の先端部にあたる内房線の館山〜安房鴨川間の列車の本数は多くなく、途中での乗り継ぎも必ずしもスムーズにはいかない。内房線、外房線のいずれを経由してもそれほど大きな距離の差はないが、千葉駅を7時過ぎに出発する外房線利用で、上総一ノ宮と安房鴨川の2回乗り換えで、和田浦到着は10時

登山口まではのどかな田園風景のなかを歩いていく。ほぼ1本道で、要所には道標も立っていて心配はない

左：登山口の前にはトイレがある。ここで身支度を整え、ストレッチして出発。右：登山口からすぐ急勾配の登りだ

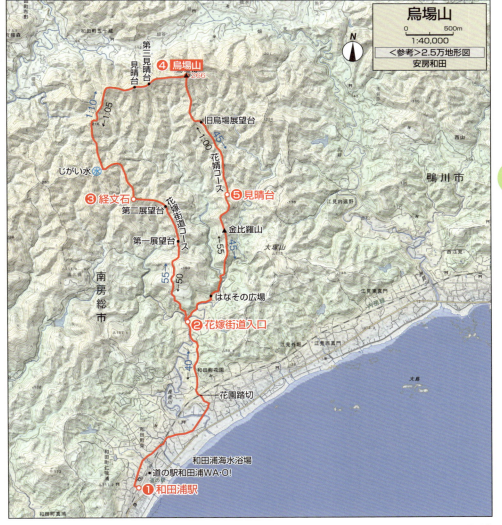

①第一展望台。丸太で造られたベンチでひと休み。木々に囲まれ、展望はない。②静かな山歩きを堪能しよう。③経文石。標識があるものの、大きな石にしか見えない。④じがい水手前。おだやかな道だ。⑤目の前にベンチが現れればじがい水。ほっとできる。⑥駒返し。馬も引き返したらしい。⑦烏場山山頂。狭いので、譲り合って。⑧下山は花婿コースで。急な勾配が連続するので、自分のペースで

ごろ。内房線経由だと、千葉駅を6時に出発する列車に乗れれば木更津で1回乗り換えて和田浦には8時33分に到着できるが、その後は、千葉駅を7時50分発の列車を上総湊で1回乗り換えて、和田浦到着は10時を回る。秋口から冬にかけての陽だまりハイキングには朝早い出発が絶対条件だ。

期待を胸に
山に入っていく

 和田浦駅❶の駅前の通りの突き当たりを右に進み、道標に従って花嫁街道を目指す。内房線の踏切を2回渡った後、のんびり歩いていく。小さな流れを渡るいちはら橋の先で左に回り込むと、登山口となる花嫁街道入口❷。ここにはトイレがあるので利用した後、身支度を整えて、コースに踏み出そう。
 階段道が尽きると、土の道になる。急勾配を登って第一展望台。しかし、展望台とは名ばかりで、木々に囲まれて展望は得られない。
 ここからはさらに勾配がきつく、木の根が張り出して歩きにくい箇所もある。こうした箇所を花嫁衣装で歩いた花嫁さんの苦労を思い描く。そうしているうちに第二展望台に着く。第一展望台に比べればいくらか眺めはあるものの、好展望地というわけではない。しかし、休憩場所にも困るこのコースでは、いずれも貴重な休憩場所といえる。
 第二展望台の先は急な階段を下る。それがいったん途切れたところの左手にはベンチがある。先を急ぐと、そのまま直進してしまいそうだが、ここは周りをよく見渡すこと。ベンチの奥に道標があり、隠れるように延びている山道に入る。迷わないように、慎重に行動しよう。
 山頂へ短絡する道を右へ分けると、その先に経文石❸がある。大きな石に文字が刻まれているようだが、風雨にさらされているせいか、ほとんど文字とはわからない。さらにじがい水などいわくありげなポイントが現れる。緩やかとはいえ、かなりのアップダウンがあるので、適当に立ち休みを繰り返そう。

⑨見晴台からの眺め。コース屈指の好展望地で、南房総の山並みがよく見える。意外なほどに山が深いこともよくわかる。⑩急勾配が連続する花婿コースとはいえ、いくらか勾配が緩んだり、登り勾配になったりすることもある。焦らずに、目の前の道をクリアする。⑪登山道の脇に小さな祠を見る。多くの人が手を合わせてきたのだろう。⑫黒滝。山中にこだまする大きな音に規模の大きさを実感する

やがてT字路に着く。ここを標識に従って右折する。駒返し、見晴台と過ぎて第三展望台に着く。見晴台は弁当を広げるには最高の場所。展望を楽しむなら第三展望台をおすすめする。その先の階段をひと登りすれば、**烏場山山頂**❹に着く。狭く、展望も必ずしもよくはない。多くの山の方向が掲げられた標識に、さまざまな思いを巡らせる。

下山は花婿コースで。アップダウンのあった往路の花嫁コースとは違い、かなり急勾配の下りが連続する。旧烏場展望台、**見晴台**❺、金比羅山など各ポイントの手前に登り坂を歩く箇所はあるが、苦労するような勾配ではない。それよりも、下り道でスピードがついてしまい、転倒などしないように気をつけたい。なお、見晴台からは木々の間からとはいえ、想像以上の展望が得られる。スペースは広くないが、楽しんでいこう。

やがて水音が聞こえるようになると、落差15mほどの見事な黒滝の滝つぼ前に飛び出す。さらに滝つぼ前の流れを飛び石伝いに渡る。キャンプ場でもある、はなその広場の先に延びる舗装路を道なりにたどると、往路で左へ回りこんだいちはら橋のたもとに行き着く。

駅までは一度歩いた道。安心して戻ろう。

黒滝

落差は15mほどというが、山中に響き渡る滝音は迫力満点。下山路の最終盤に現れ、この滝を過ぎれば、はなその広場はもうすぐ。夏の暑いさなかでも、この滝の前では涼しささえ感じる。自然の偉大な力に脱帽するほかはない。

水場 山中に水場はない。事前に用意すること。水だけなら乗降駅でも購入できるが、基本的に登山日の前日には必要な物はすべて用意しておこう。

トイレ 和田浦駅、花嫁街道入口、はなその広場、見晴台に完備されている。

●問合せ先
南房総市商工観光部観光プロモーション課
☎0470-33-1091

175

本文執筆・写真

中田　真二（なかた　しんじ）

長野県松本市出身。山好きの父と叔父の影響で幼少期から山遊びに明け暮れる。高校・大学と山岳部で、山と部室の往復で過ごす。大学卒業後は出版社に編集者として勤務。在籍中に訪れたヨーロッパアルプスに魅せられ退職。数年の間ヨーロッパ、ニュージーランド、北アメリカの山を巡る。帰国後、登山ライターとして活動、現在に至る。登山初心者の相談にも応じている。
問い合わせはgoofy0121jp@outlook.jpへ。

カバー写真／中田真二
カバー・表紙・総扉デザイン／松倉 浩
編集協力／エスティーエフ
地図制作／株式会社千秋社
DTP／株式会社千秋社

■本書に掲載した地図は、DAN杉本氏制作のカシミール３Ｄで「スーパー地形セット」と国土地理院の「地理院地図」を使用して制作しています。https://www.kashmir3d.com/
■本書の内容は2024年7月制作時のものです。交通機関、店舗等の営業形態や対応が予告なく大きく変わる可能性があります。また火山活動や集中豪雨などの自然災害による現地状況の変化の可能性もあります。必ず事前に各種情報と現地の情報をご確認の上でお出かけください。

ブルーガイド　山旅ブックス

駅から登る日帰り山あるき　関東周辺

2024年10月21日　初版第1刷発行

著　者　中田真二
発行者　岩野裕一
発行所　株式会社実業之日本社
　　　　〒107-0062 東京都港区南青山6-6-22 emergence 2
　　　　☎(編集)03-6809-0473　(販売)03-6809-0495
　　　　https://www.j-n.co.jp/

印刷・製本　TOPPANクロレ株式会社

本書の一部あるいは全部を無断で複写・複製（コピー、スキャン、デジタル化等）・転載することは、法律で定められた場合を除き、禁じられています。また、購入者以外の第三者による本書のいかなる電子複製も一切認められておりません。落丁・乱丁（ページ順序の間違いや抜け落ち）の場合は、ご面倒でも購入された書店名を明記して、小社販売部あてにお送りください。送料小社負担でお取り替えいたします。ただし、古書店等で購入したものについてはお取り替えできません。定価はカバーに表示してあります。小社のプライバシー・ポリシー（個人情報の取り扱い）は上記ホームページをご覧ください。
©Shinji Nakata 2024 Printed in Japan
ISBN978-4-408-65083-8（第二書籍）